AF434069

Tetay Jaime, José María

    Criterios para la construcción del PEI: Un enfoque investigativo
/ José María Jaime. —1ed. —Bogotá: Cooperativa Editorial Magisterio,
1997.

    144p. — (Colección Mesa Redonda; N° 32)
    1. Proyecto Educativo Institucional I. Tit. II. Serie.
    CDD 371. 207 /T28c   MFN: 0032

José María
Tetay Jaime

Criterios para la construcción del P.E.I.

Un enfoque investigativo

MAGISTERIO
EDITORIAL

Colección Mesa Redonda

CRITERIOS PARA LA CONSTRUCCIÓN DEL P.E.I.
Un enfoque investigativo

Autor
© *JOSÉ MARÍA TETAY JAIME*

Libro ISBN: 978-958-20-0247-3
Primera edición: 1995
Segunda edición: 1997
Tercera edición: 2009
Cuarta edición: 2011
Reimpresión: 2018

© *COOPERATIVA EDITORIAL MAGISTERIO*
Diagonal 36 bis # 20-70 *(Parkway la Soledad)*
PBX: 3383605
Bogotá, D.C., Colombia.
www.magisterio.com.co
info@magisterio.com.co

Dirección General
ALFREDO AYARZA BASTIDAS

Dirección Editorial
ILSE PATRICIA SÁNCHEZ R.

CONTENIDO

CAPÍTULO 2
Criterios administrativos y operativos 77

CAPÍTULO 3
Criterios evaluativos y de sistematización 101

ANEXOS

Presentación

¿Qué camino debo seguir?
Depende a dónde quiera llegar, respondió el
gato. Me es absolutamente igual un sitio que
otro, dijo Alicia.
Entonces también da lo mismo un camino que
otro, respondió el gato.

Lewis Carrol,
Alicia en el País de las Maravillas

¿Qué proyecto hemos de desarrollar?

El punto de partida es la pregunta ¿a dónde queremos llegar con nuestro proyecto educativo?. Porque, no puede ser igual para nosotros un proyecto que otro.

Con el trabajo por proyectos se busca integrar el quehacer del docente con la filosofía que orienta su institución, las necesidades, los intereses y las expectativas de sus estudiantes, su comunidad y la sociedad; en un momento en que la planeación escolar y su desarrollo llegaron a un estado de letargo y rutina; realizada, en la mayoría de los casos, por cumplir una norma, con instrumentos como el parcelador (llamado por algunos "el mentiroso") que es una muestra de la poca eficiencia del trabajo de acciones yuxtapuestas, no organizadas dentro de un fin preciso.

Hay que reconocer que en muchas partes, desde hace algunos años, se empezó a evidenciar la necesidad de hacer cambios radicales en todos los procesos educativos, casi siempre, orientados a seguir dentro de los límites internos de las instituciones educativas.

Estos esquemas rígidos, seguidos cada año, poco o nada permitían relacionar las condiciones específicas de las instituciones con la planeación de las acciones educativas, con las características de la población, con la actualización docente y mucho menos con las necesidades culturales y sociales del contexto en el cual se forman sus estudiantes.

Aquí, la visión cultural con sus diversas manifestaciones como la política, económica, técnica, tecnológica, ambiental y otras, brillaban por su ausencia.

Con el presente texto se quiere hacer un aporte para la construcción, ejecución y desarrollo del Proyecto Educativo Institucional PEI; con base en la experiencia vivencial del autor quien ha formado parte de un equipo de maestros que ha buscado sistemáticamente desde 1986 que la educación oficial, especialmente la de la jornada nocturna en Bogotá, ejerza su acción pedagógica por medio de Proyectos Pedagógicos Institucionales. Actualmente, lo exige la Ley General de Educación.

La pretensión de este texto supera la concepción de un manual para construír dichos proyectos, esto iría contra la capacidad creativa de los miembros de la comunidad educativa. Se trata de presentar algunos criterios administrativos, investigativos, operativos, evaluativos y de sistematización que el autor considera básicos para la elaboración de los proyectos.

Igualmente, la lectura de los anexos permite, potenciar la iniciativa de los maestros para construír sus proyectos; en ningún momento pretende ser un recetario que pueda ser aplicado sin beneficio de inventario.

La Constitución de 1991 abrió horizontes de participación en todos los órdenes, es vital asumir el reto para diseñar los lineamientos de la vida en sociedad desde la escuela.

Lo anterior compromete a las instituciones educativas con el desarrollo de acciones que concreten un replanteamiento de su organización y de su gestión.

Es importante que se organicen comités pedagógicos zonales, locales o regionales; de acuerdo con el tipo de organización que exista o pueda hacerse en los colegios.

También forma parte del proceso de cualificación magisterial la participación de los docentes en proyectos de profesionalización que permitan nutrir sus proyectos institucionales.

Buscar estrategias pedagógicas que permitan que los estudiantes trabajen responsablemente en la institución, sin necesidad de licenciarlos cuando se reúnen los maestros, es de capital urgencia e importancia.

Hay que ir construyendo una real comunidad de educadores, pues son esos "compromisos epistemológicos y éticos las maneras prácticas como los educadores hacen vigente el compromiso político que les compete como ciudadanos y funcionarios de una educación institucional que va más allá de un servicio eminentemente demagógico, el cual no pasa de la demagógica afirmación de que educar es bueno, independientemente de aquello que se quiera significar con dicha afirmación". (Gallego, 1992, 177).

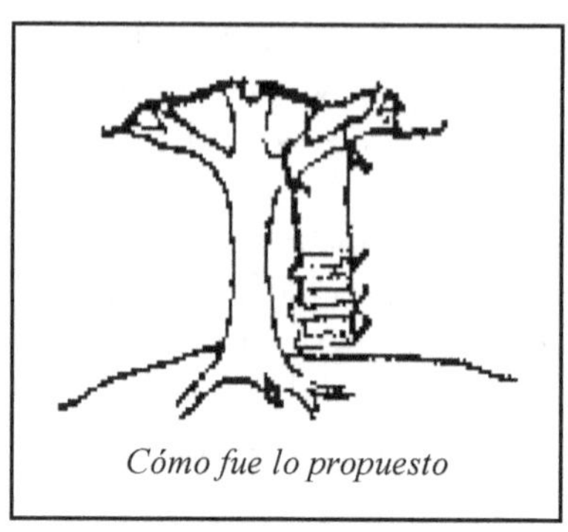

Cómo fue lo propuesto

Cómo fue espeficado en la solicitud

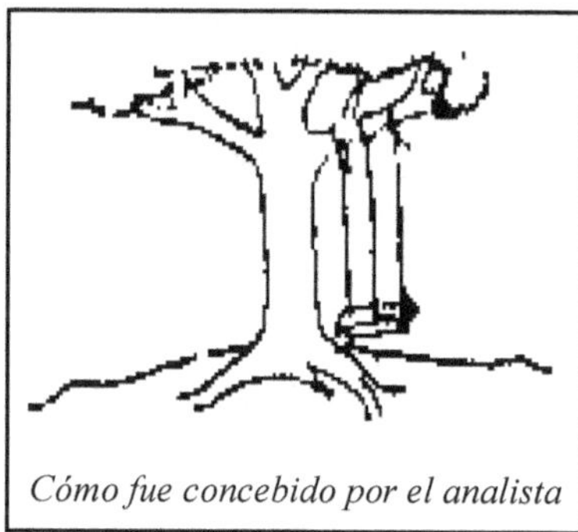

Cómo fue concebido por el analista

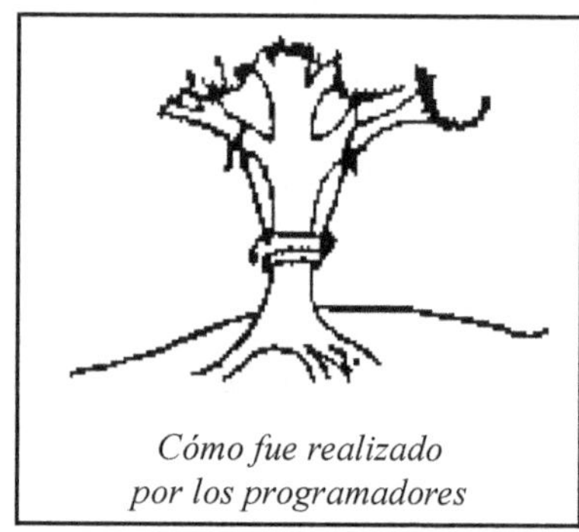

*Cómo fue realizado
por los programadores*

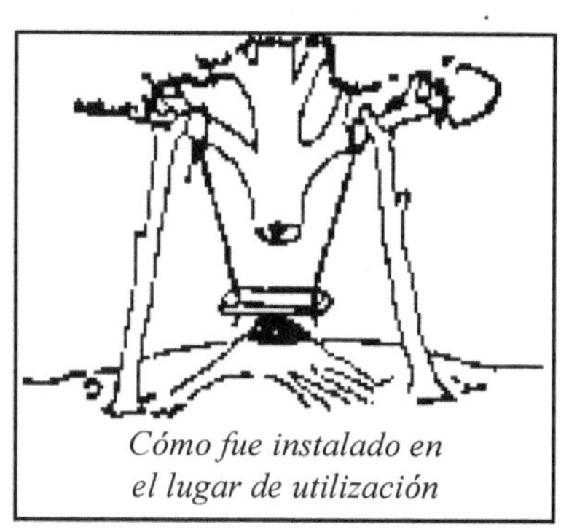

*Cómo fue instalado en
el lugar de utilización*

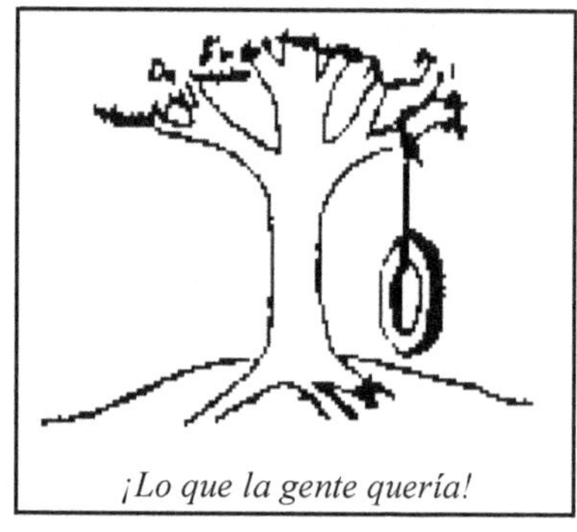

¡Lo que la gente quería!

Historia de un Proyecto

*Viñeta encontrada en la pared de una oficina
de desarrollo de Nairobi. Tomado de
Instituto Regional de Educación a distancia IRED*

Parte introductoria

Origen del trabajo educativo por proyectos

El trabajo por proyectos tuvo su origen en la forma como se orientó la actividad académica de los estudiantes, desde 1860.

Herbart fue uno de los que más influyó en el desarrollo del método de proyectos debido a la noción de interés que introdujo para desarrollar una actividad educativa; además, diseñó el esquema genético y los pasos formales para desarrollar el interés.

"El nombre de proyectos empieza a mencionarse con la frase 'home-proyects', con la cual se querían poner de relieve dos cosas: la importancia educativa de las tareas de ejecución libre, efectuadas en casa por los alumnos, y la necesidad de que sus actividades, en la misma escuela, obedecieran a propósitos que dieran forma y dirección a su actividad". (Filho, 1964, 215).

Los primeros ensayos se debieron a John Dewey, cuando sucedió a James Parker, en su cargo, en la escuela experimental de la Universidad de Chicago.

Plan, Programa, Proyecto y Acción

Para algunos autores los proyectos son los bloques básicos con que se construye el desarrollo; sin su exitosa identificación, preparación y ejecución,"los planes de desarrollo no son más que deseos. Los proyectos son el filo cortante del desarrollo o las partículas privilegiadas del proceso de desarrollo". (Hirsman, 1967).

La administración de proyectos se ha convertido en una disciplina que potencia el desarrollo de los pueblos, permitiendo la innovación y los cambios que mejoran la vida de las personas, pues mientras mejor se puedan definir y alcanzar solución a los problemas prioritarios, en un período corto, existe mayor posibilidad para mejorar las condiciones de vida de una sociedad.

Existen términos sinónimos al de proyecto, como plan y programa; entre sí los tres se complementan, y se reflejan, pero es necesario clarificar el sentido con el que se toman en este escrito.

El plan corresponde a un conjunto de programas y se puede desarrollar mediante proyectos. El plan es de tipo macro; así, por ejemplo el Plan Básico de Educación se encuentra compuesto por varios programas; un programa es: el mejoramiento de la educación básica y media, nocturna y diurna.

Los planes señalan aspectos muy generales y consideran globalmente las actividades de un proceso, su cobertura y alcances. Los planes son más amplios tanto geográficamente como a nivel de logros y resultados.

El programa abarca varios proyectos que se encuentran coordinados porque tienen relación, y se diseñan, ejecutan y evalúan para lograr los objetivos y metas del plan.

El proyecto es un conjunto de actividades que son interdependientes y que busca un objetivo específico, con una duración previamente determinada; por lo general trata de desarrollar actividades que no se repiten, con recursos limitados y pre-establecidos para su ejecución. Es una manera de sistematizar y establecer la organización de modo operativo. Ejemplo: El proyecto

"Desarrollo de habilidades comunicativas, como aporte para la formación ciudadana y laboral de la comunidad del Centro Educativo Distrital Antonio Villavicencio".

La actividad es ya una acción muy concreta y específica para la cual se desarrollan los pasos indispensables en el cumplimiento de un proceso. Conformar democráticamente el gobierno escolar es una actividad que forma parte del proyecto. Las acciones son la base de la realización de los proyectos.

NIVELES OPERACIONALES DE PLANIFICACIÓN
PLAN Es la concreción organizada de fines, objetivos, instrumentos, y recursos de un proceso. Puede ser a corto, mediano o largo plazo.
PROGRAMA Es la organización para utilizar los recursos, el tiempo y el espacio de acuerdo con los fines y objetivos de un plan. Se desarrolla mediante varios proyectos.
PROYECTO Es una parte de un programa. Organiza conceptual y operacionalmente, de acuerdo con los objetivos propuestos, la ejecución y recursos para la obtención de una unidad o parte de un programa.
ACTIVIDAD Es el desglose y ejecución de acciones mediante las cuales se desarrollan los momentos de un proceso.

CUADRO No. 1
Niveles operacionales de planificación

Criterios básicos de un proyecto educativo institucional

En el cuadro No. 2 se presentan los criterios básicos para la construcción de un Proyecto Educativo Institucional.

La manera como cada comunidad los desarrolle, depende de su creatividad, necesidades y circunstancias.

La visión legal que se ha presentado en el anexo 1, también aporta elementos para la ubicación de diversos componentes en la construcción del proyecto.

Son criterios, en el sentido de indicar lo que debe estar presente en el proyecto.

Criterios investigativos

Cada día se afirma y reconoce que una educación de calidad es un factor básico para el desarrollo integral de una sociedad, en cuanto permite la formación de un sujeto que desarrolle entre otros aspectos, la autonomía y la creatividad.

Uno de los desafíos actuales de la educación es humanizar la modernidad mediante la producción y el manejo del conocimiento. En este contexto, una actitud esencial es considerar y hacer de la investigación un hecho permanente. Educar por medio de la investigación favorece posturas críticas y creativas que conducen a una emancipación en el conocimiento y en la acción.

Criterios administrativos y operativos

Son los que permiten el desarrollo de la gestión educativa humanizadora, progresista y organizada.

Este criterio está directamente relacionado con la forma mediante la cual se genera y desarrolla la participación, la toma de decisiones, y las responsabilidades de los miembros de la comunidad educativa; igualmente, con la manera cómo se organiza la comunicación directa y adecuada de los miembros mencionados.

CRITERIOS EVALUATIVOS Y DE SISTEMATIZACIÓN

Cualifican el proceso valorativo del proyecto, aportan un mayor conocimiento de lo que se hace y puede hacer, además dinamizan su permanente ejecución y logros. Permiten comprender la totalidad del proceso educativo democratizando la acción mediante la participación y la gestión.

"No se trata de lograr sólo individuos bien alimentados, bien vestidos y fieles ejecutores de las tareas sociales. A más del disfrute de las necesidades básicas, proponemos que todo hombre viva creativamete un proceso socialmente productivo, en libertad y con plena participación política", (Gutiérrez, 91).

CUADRO No. 2
Criterios básicos para construír
un proyecto educativo institucional

Siegried Bernfeld, cuando escribió *Sísifo o los límites de la educación,* indicó de manera profunda la función política de la educación al afirmar que el núcleo de esta se encuentra en la política.

"Ninguna sociedad se organiza a partir de la previa existencia de un sistema educativo, al que cabría la tarea de concretar un cierto perfil o tipo de ser humano que, a continuación, pondría la sociedad en marcha. Por el contrario, el sistema educativo se hace y se rehace en el seno mismo de la experiencia práctica". (23).

La ejecución ha de estar acompañada por la creatividad, no se trata de un ejercicio mecánico, se necesitan el compromiso y dinamismo junto con procesos de orientación, administración y evaluación.

Es importante tener en cuenta la formulación del proceso en un documento y el proceso de planeación del proyecto.

La parte formal puede presentarse por escrito en un documento, mediante un video, una cartilla, por la combinación de estos u otros medios.

En la planeación la secuencia de etapas debe tener un criterio lógico, seguir un desarrollo cronológico o combinar las anteriores con las necesidades sentidas y captadas durante el proceso.

EL PROYECTO EDUCATIVO INSTITUCIONAL Y EL CAMBIO

> *"La práctica de pensar la práctica, es la mejor manera de aprender a pensar recta y correctamente"*
>
> *Paulo Freire*

Se suele afirmar que el sistema educativo no se puede cambiar exclusivamente desde dentro, que necesitan de transformaciones de lo social, económico y político para que así contribuya al mejoramiento de la calidad de vida.

Los procesos han de darse inter-relacionados, tanto en las estructuras como en las personas para una verdadera trasnformación.

En el sentido anterior, todo proyecto ha de tener como horizonte de su desarrollo un fin social amplio.

El cambio no puede darse solamente al interior de la escuela, sino que ha de estar orientado a la modificación de las estructuras de la sociedad en la cual existe esa escuela.

El proyecto educativo ha de recrear formas pedagógicas orientadas a la búsqueda de mejores metas sociales.

"Si hablamos de las relaciones escuela-sociedad, es porque estamos convencidos del poco o ningún valor de una alternativa pedagógica, con la que por lo menos en parte, no logramos modificar las relaciones sociales; de la misma manera que desconfiamos de todo cambio social que no esté acompañado de una alternativa pedagógica que garantice un proceso educativo cada vez más participativo y democrático". (Gutiérrez, 1984, 68).

Ha de buscarse que el proyecto que se lleve a cabo desarrolle la capacidad de autonomía, el análisis valorativo, dándole formas específicas al proyecto político global planteado en la Constitución Colombiana de 1991.

Capítulo 1

Criterios investigativos

*"Investigar significa pagar la entrada por
adelantado y entrar sin saber
lo que se va a ver"*

J. Robert Oppenheimer

Concepto de investigación

La concepción acerca de qué es la investigación se encuentra ligada a la posición teórica de la cual se parta, al concepto de ciencia que se tenga y al papel que se le asigne al conocimiento, entre otros aspectos.

Investigar, para unos consiste fundamentalmente en saber manejar algunas técnicas que sirven para analizar datos empíricos; otros enfatizan lo teórico, para otros la investigación se basa en la práctica o en la vida de las personas que produce conocimiento, lo convalida o, transforma una situación.

Otros consideran que investigar es comprobar si una doctrina o un conocimiento es verdadero. También se entiende como el medio por el cual encontramos el sentido de las cosas y de los acontecimientos. Básicamente, investigar es hacerle frente a un problema teórico o práctico, plantearlo y proponer su solución.

Sin entrar en detalle, en cuanto a las diversas concepciones acerca de lo que es la investigación y teniendo en cuenta que hay varios conceptos de ciencia y divisiones de la misma, se toma aquí la investigación como una actividad institucional, organizada de manera sistemática, que contiene la formulación, diseño y ejecución y evaluación de actividades de indagación y búsqueda para describir, comprender, explicar o presentar alternativas de solución, dentro de un contexto socio-cultural teniendo en cuenta la relación teoría-práctica.

Etimológicamente, investigación significa la acción de seguir, a partir de un rastro, la búsqueda de algo desconocido, con el fin de descubrir su explicación.

Este panorama general de la investigación, permite un breve acercamiento a la investigación educativa, considerando que ésta puede ser un aporte significativo para desarrollar los proyectos educativos institucionales.

Investigación educativa

La investigación educativa se entiende como un proceso social, mediante el cual los grupos humanos producen conocimiento o transforman el conocimiento que tienen de su realidad tanto educativa como social.

La investigación educativa no depende únicamente de los objetivos de la actividad investigadora, sino que ha de ser vista de acuerdo con los fines, los objetivos, es decir lo que se busca con las actividades educativas.

Esta investigación diverge de las demás en términos de su objeto de estudio, que son los problemas educativos.

"Puesto que la educación es una empresa práctica, dichos problemas siempre serán problemas prácticos, es decir, de los que a diferencia de los teóricos, no quedan resueltos con el descubrimiento de un nuevo saber, sino únicamente con la adopción de una línea de acción". (Carr y Kemmis, 1988, 121).

Existe un problema de educación cuando hay discrepancia entre la práctica y la teoría de quien la ejerce.

"Una práctica, por consiguiente, no es un tipo cualquiera de comportamiento no meditado que exista separadamente de la teoría, y al cual pueda aplicarse una teoría. En realidad todas las prácticas, como todas las observaciones, incorporan algo de teoría, y eso es tan cierto para la práctica de las empresas teóricas como para la de las empresas propiamente prácticas, como la enseñanza". (Carr y Kemmis, 1988 121).

La investigación educativa busca transformar la manera como quienes enseñan se ven a sí mismos, su situación, su relación con el conocimiento, la comunidad y su entorno socio-político-cultural.

La investigación educacional incide en la realidad con base en datos acerca de dicha realidad, aquí la formación de personas trabajadoras, dentro de un sentido de comunidad, ingeniosas y creativas dan respuesta a sus problemas y buscan el bienestar social.

El enfoque teórico sobre el cual puede girar la investigación educativa está estrechamente relacionada con la finalidad concreta a la cual tienda la investigación. Esta investigación ha de buscar, fundamentalmente, construír teorías sobre la práctica de la educación para presentar propuestas alternativas de solución a los problemas que se encuentran en las experiencias.

Cuando se habla de investigación educativa, no se trata de precisar procedimientos metodológicos, pasos a seguir, sino, principalmente de indicar cuál es el fin por el que se hace ésta y el para qué de la misma.

Para transformar la escuela y promover la comunidad educativa, es necesaria aquella investigación que permita procesos en los cuales participen los individuos como sujetos que investigan, y que al generar cambios construyen un nuevo conocimiento. Esto, no es novedoso, ya que a través de la historia los hombres han buscado agruparse para solucionar sus problemas y mejorar sus condiciones de vida.

La investigación ha de confrontar las prácticas de los docentes, desde una postura pedagógica, no con la intencionalidad de hacerla coincidir con marcos teóricos rígidos, sino con la finalidad de comprender su sentido, rebosar las ingenuas posturas frente al acto educativo que hayan sido elaboradas solamente desde el sentido común e involucrar preguntas que permitan aclarar el énfasis del trabajo escolar, indentificando si dicho énfasis está en reproducir las formas de comprender y actuar aceptadas por una sociedad en un momento histórico determinado, o si por el contrario, la tarea docente se enmarca dentro de un proceso de renovación. Lo anterior es posible siempre y cuando se mantenga vigente en la institución educativa la intención y ejercicio de construír una actitud pedagógica investigativa que impulse este proceso de transformación; dicha actitud es la que da vida, continuidad y coherencia a las diferentes acciones desarrolladas convirtiéndose en una nueva, renovada y comprometida opción de vida.

Hay que tener en cuenta que el trabajo investigativo se basa y complementa con la iniciativa y creatividad del investigador, no existen recetas que garanticen, por sí solas, el proceso y resultado de una investigación. Conocer el problema es fundamental para el desarrollo investigativo posterior, para esto ayuda hacer un diagnóstico.

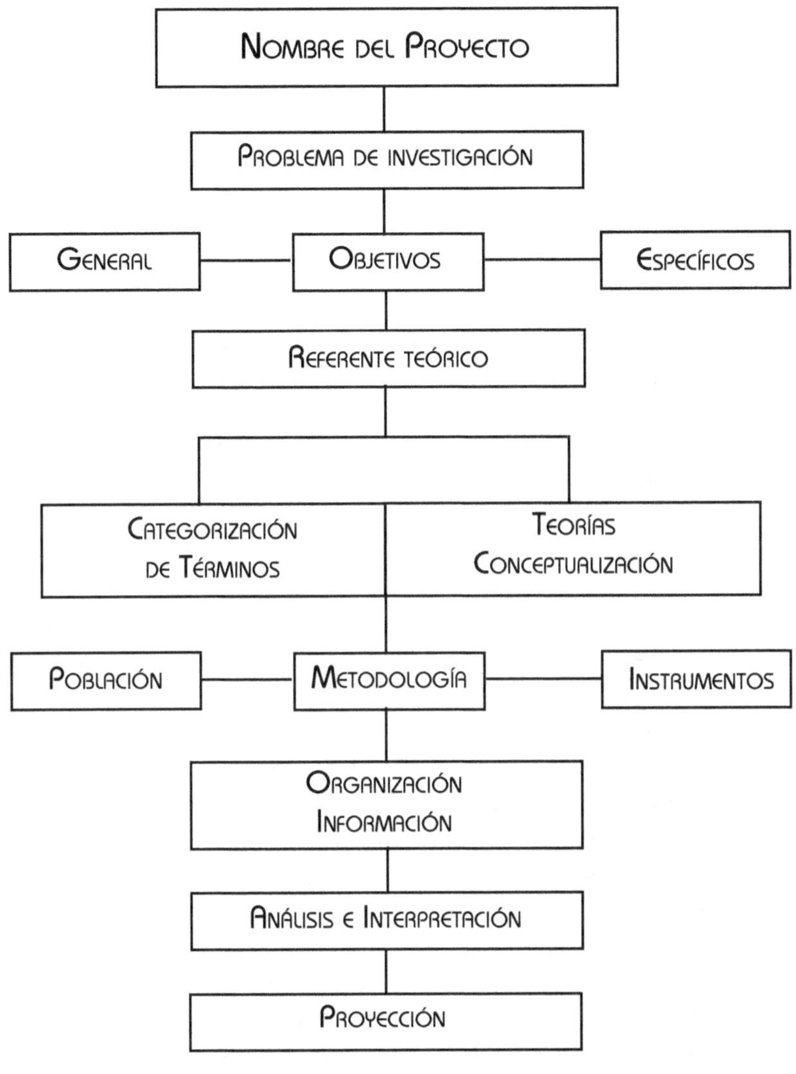

Cuadro No. 3

Esquema del proceso general de investigación aplicable al P. E. I.

¿Qué es un diagnóstico?

El diagnóstico puede entenderse como la identificación de necesidades y problemas, a partir de la descripción de *la situación presente y real* de la institución educativa, con el objetivo de tomar decisiones, establecer una meta, una situación deseada o futura a la cual se pueda llegar si se desarrolla el proyecto. Permite elaborar un pronóstico o un futuro esperado.

Se habla de comunitario, en el sentido de buscar el mejoramiento de la comunidad frente a problemas que son comunes, mediante acciones conjuntas, para dar respuesta al reto o retos que se presentan.

Para el éxito del diagnóstico comunitario se presentan los siguientes criterios:

- La participación

La participación es la manera mediante la cual las personas toman parte en los procesos en los cuales intervienen excluyendo el activismo coyuntural.

El artículo 1o. de la Constitución Política de 1991 expresa que Colombia es un "Estado Social de derecho, organizado en forma de República unitaria, descentralizada, con autonomía de sus entidades territoriales, democráticas, participativa y pluralista, fundada en el respeto de la dignidad humana, en el trabajo y la solidaridad de las personas que la integran y en la prevalencia del interés general".

El artículo 2o. de esta Constitución ordena facilitar la participación de todos en las decisiones que los afectan y en la vida económica, política, administrativa y cultural de la nación.

De todos nosotros depende hacer realidad esta participación en las instituciones educativas para que esta actitud se manifieste en otros campos de la sociedad.

Dicha participación se concreta y garantiza, en la medida en que sea una efectiva expresión de la voluntad de las personas lo cual se espera suceda en la planeación, ejecución, desarrollo y evaluación de los proyectos educativos institucionales.

Se busca que todos actúen como sujetos de sus procesos de conocimiento y de cambio, no basta con ser fuentes de información.

El tipo y la forma de motivación son muy importantes; además, se ha de contar con el interés general.

Buscar que sea un diagnóstico educativo. Como no todos pensamos y actuamos de la misma manera, la parte educativa del diagnóstico nos ha de servir para generar nuevos valores, formas de comunicación y de integración que posibiliten un mejor entendimiento entre los miembros de la institución.

Es educativo ya que recoge información para que la reflexionemos, para que la comprendamos y así podamos resolver con más propiedad las limitaciones que encontramos.

La reflexión busca explicar el origen, el desarrollo del problema y los alcances que puede tener.

Debe ser un diagnóstico continuo. No se trata de hacerlo de una vez por todas, sino de reactualizarlo de acuerdo con las nuevas circunstancias que se viven pues, así como la vida es compleja y cambia, el diagnóstico ha de tener en cuenta los cambios.

Ha de llevar a la acción. Sin quedarnos siempre diagnosticando, hay que decidir y empezar a actuar para responder a lo que hemos encontrado.

¿Para qué se hace un diagnóstico?

No se puede ir a la acción e iniciar un proyecto educativo sin ningún conocimiento de la realidad sobre la que se va a actuar. De ahí la necesidad de un diagnóstico preliminar. Para iniciar un proyecto lo que se necesita no es tanto una estadística exacta, como una apreciación general de la situación y del modo de pensar y de actuar de la comunidad educativa.

La investigación preliminar tiene por objeto acercarse a la problemática de la comunidad, con el fin de captar los problemas más significativos o las carencias más evidentes para esa comunidad o para un sector importante de ella.

Es importante diagnosticar cuáles son los problemas más urgentes desde el punto de vista de la comunidad. Sin embargo, no basta captar las necesidades y problemas considerados más urgentes por la comunidad; hay que recoger información que permita un encuadre más general del problema. Para lo primero bastaría el uso de las técnicas de observación y entrevista pero, para ampliar el marco referencial, necesitamos recurrir a la consulta de documentos.

Al hacer un diagnóstico es necesario dirigir los esfuerzos hacia las necesidades prioritarias determinadas por la comunidad educativa; el punto de partida es una situación irregular, es la observación de unos síntomas por parte de dicha comunidad.

En este proceso, las necesidades pueden clasificarse en:

- Necesidades sentidas y expresadas por la comunidad educativa y por quienes van a realizar el diagnóstico. Ej. faltan laboratorios.

- Necesidades sentidas y no expresadas: las siente la comunidad, pero quienes realizan el diagnóstico no las reconocen ni expresan en el diagnóstico. Ej. falta una capilla.

- Necesidades no sentidas: son reconocidas por quienes realizan el diagnóstico, pero no sentidas por la comunidad. Ej. necesidad de actualización de los profesores.

Una vez que se identifican necesidades en la comunidad, es necesario enfocar el diagnóstico hacia las mismas, especialmente hacia las primeras mencionadas.

Al hacer un análisis institucional podemos tener en cuenta *todos los componentes* o elementos del sistema educativo que se nos ocurran. Por ejemplo, podemos hacer un diagnóstico de los procesos y contenidos del aprendizaje, del currículo, de los materiales utilizados en la enseñanza, de la deserción estudiantil y/o docente, del rendimiento académico, del aprendizaje, de la repitencia escolar, del costo - beneficio, de las relaciones maestro-alumno, de la planta física de la institución, del logro de los objetivos, de los programas de capacitación de los profesores, de la parte administrativa, de la eficiencia del sistema educativo, de las relaciones existentes entre varios o todos los aspectos mencionados, etc.

Sin embargo, se hace necesario racionalizar el diagnóstico, determinar cuál información se considera útil e importante a partir de los "síntomas" que detecten los miembros de la comunidad educativa.

Existen muchos métodos para identificar y ampliar información sobre las necesidades de una institución. Es necesario distinguir entre procedimientos o técnicas de recolección de la información e instrumentos o medios que se usan para registrar la información.

La información cuantitativa está constituída generalmente por datos que pueden ser sometidos a tratamientos de análisis por medio de alguna técnica estadística (promedios, correlaciones, varianzas, etc.).

Se puede obtener información cuantitativa principalmente a través de: entrevistas individuales, por medio de cuestionarios estructurados, escalas de actitudes, pruebas de rendimiento, pruebas de inteligencia, escalas de desarrollo psicomotriz, diferencias semánticas, índices y escalas socioeconómicas, índices conductuales, datos estadísticos secundarios (censos, encuestas), técnica Delphi y otros.

La información cualitativa es aquella que se expresa mediante palabras, figuras, cantos, etc., referida a la institución educativa en su totalidad o uno o varios de sus elementos o componentes.

Se puede obtener información cualitativa y registrarla principalmente así:

TÉCNICA INSTRUMENTO DE REGISTRO

* Observación abierta y
  observación etnográfica.

* Notas de campo.
  Video. Casetes.

* Observación participante

* Notas de campo.

* Entrevista informal

* Registro o protocolo.

* Entrevista focalizada

* Cuestionario con
  temas focalizados.

* Entrevista semiestruc-
  turada.

* Cuestionario con
  preguntas abiertas.

* Estudio de caso
  Historia de vida.

* Registro
  Grabaciones en casetes.

* Autoevaluación.

* Registro individual.

* Discusión grupal.

* Registro. Videocasetes.

* Consulta documental.

* Registro.

Una vez recogida y registrada la información es necesario ordenarla para facilitar el análisis e interpretación de los datos.

En la información cuantitativa el procesamiento de la información puede hacerse mediante:

- El análisis descriptivo: expresiones estadísticas que caracterizan a los usuarios de la institución y al personal. Ej. el 80% de los niños miden por encima de la talla ideal.

- Determinación de las diferencias significativas: nos señala la efectividad de la institución; comparar mediciones iniciales con actuales; pre-test, post-test.

- Determinación de asociaciones y correlaciones entre variables del diagnóstico.

- Determinación de efectos diferenciales sobre resultados instrumentales o finales de la institución.

- Determinación de nexos causales.

La información cualitativa se puede procesar por:

- Categorización y codificación; categorizar significa agrupar segmentos de información similar en categorías, cada una de las cuales recibe un símbolo de identificación llamado código. Ej.: encontramos información que nos habla sobre la motivación, la agrupamos en la categoría motivación y la identificamos con la palabra MOT (código).

- Elaboración de formatos: es sintetizar la información mediante cuadros. Los formatos más usados son las matrices de datos y las representaciones gráficas.

- Tipificación y clasificación: consiste en encontrar tipos de personas, grupos, procesos, situaciones con base en los datos. Ej.: responsables / no responsables.

- Determinación de conexiones: primordialmente busca asociaciones entre personas y entre procesos y resultados.

Algunos pasos para obtener un diagnóstico

- Elaborar un plan del diagnóstico.

- Concretar el problema.

- Recoger la información que necesitamos.

- Analizar dicha información.

- Dar a conocer resultados.

Elaborar un plan de diagnóstico

Este ha de basarse en la consideración de aquello que se pretende lograr, en los objetivos que nos proponemos.

Es de vital importancia para el desarrollo del plan precisar, entre otros aspectos:

* Qué se busca hacer y lograr,

* Cómo se obtendrá la información pertinente (lecturas, entrevistas, observaciones, diálogos, etc.),

* Personas que nos pueden brindar la información,

* Recursos con los cuales se cuenta o que son necesarios,

* Cronograma.

30

La observación, la experiencia, los diálogos, son algunos de los medios por los cuales podemos seleccionar el problema más importante, este puede referirse a:

*   Lo que es más frecuente,
*   La urgencia de cambiar algo,
*   El daño que causa tal acción u omisión,
*   El número de personas afectadas o beneficiadas,
*   Las carencias más sobresalientes u otros.

Es importante jerarquizar los problemas y escoger el principal. Luego de tener el problema acordado, es fundamental motivar el análisis y toma de posición de todos los participantes frente a dicho problema, sopesar las visiones y explicaciones que el grupo de personas dan sobre el problema escogido. Cuando éste es muy complejo y amplio es necesario delimitarlo.

Para ahondar en lo que es el problema, es necesario hacer el análisis de sus causas posibles, las relaciones que tienen y las consecuencias previsibles.

Una vez procesada la información, podemos con la comunidad educativa, ordenarla en forma descendente, esto nos permite apreciar cuáles necesidades son prioritarias; con base en estos resultados, se puede enfocar el Proyecto Educativo Institucional, buscando satisfacer una necesidad prioritaria. *(Este punto se amplía en la priorización del problema)*

Recoger la información

Las fuentes en las cuales se encuentra la información suelen ser, principalmente: las personas que viven en la comunidad o institución y han estado presentes en la situaciones inquiridas, lo que se obtiene mediante la observación y aquella que se encuentra en documentos, mapas, libros, archivos y otros.

La información se puede registrar en un cuaderno de notas o en un diario de campo, en fichas, tarjetas y hojas de resumen.

Las siguientes pueden ser actividades que nos aportan para hacer el análisis de la información recolectada.

Clasificarla. Podemos agrupar información similar de acuerdo con algunos aspectos que son útiles para adentrarnos en el problema; por ejemplo, sobre personas, tendencias, características concretas de algo que se espera conocer.

Relacionarla. Consiste en saber la incidencia, pertinencia de una información respecto a otra.

Problematizar. Adentrarnos en las causas del problema, analizar las contradicciones que se presentan y los conflictos entre los intereses expuestos.

Se trata de compartir y discutir de manera general el resultado y el proceso seguido en el análisis de la información, para precisar lo que se ha de hacer a continuación.

Los materiales utilizados, documentos, cartillas, periódicos, murales, fotos, audiovisuales, y otros son de una gran ayuda para el desarrollo de este punto.

Todo lo anterior ha de permitir tomar la decisión más apropiada para construír el PEI sobre el problema encontrado.

El cuadro No. 4 indica los elementos generales de un diagnóstico.

El diagnóstico también ha de permitir caracterizar la institución; se presentan a continuación algunos elementos para hacerlo.

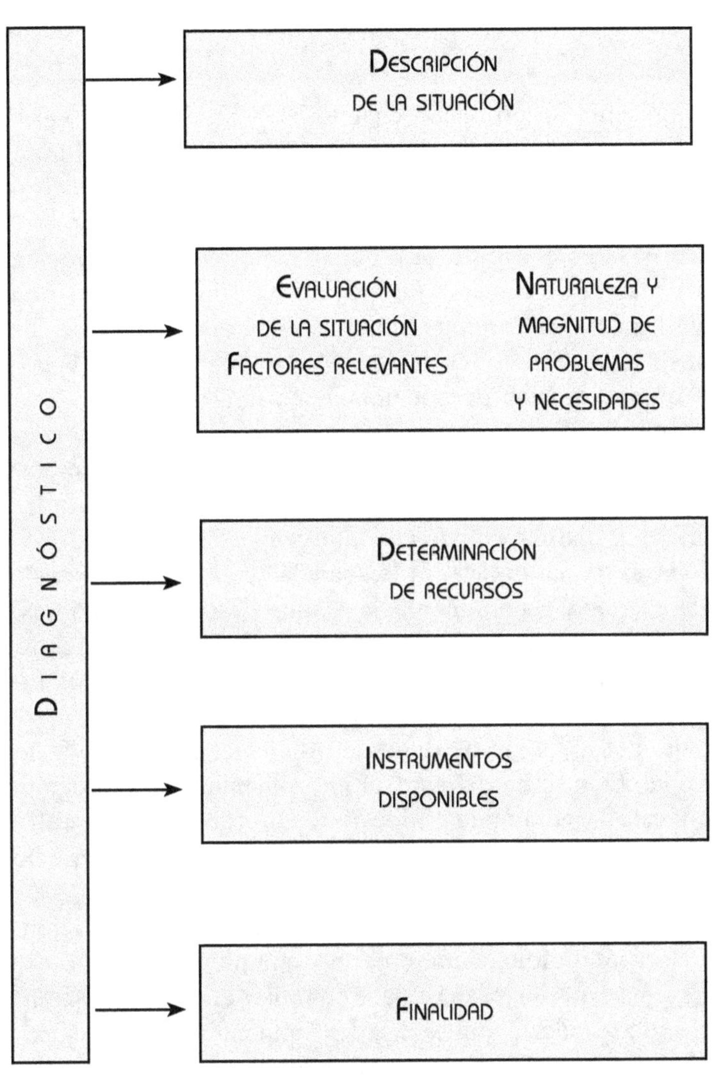

Cuadro No. 4
Elementos generales de un diagnóstico

Problema

Se presenta un problema cuando hay una diferencia entre el estado-presente (o futuro) de una situación y el estado-futuro deseado por un individuo, un grupo, una comunidad, una institución, un gobierno, u otros.

Una cosa es el problema tal cual y otra como lo vamos a apropiar para que dé origen a un proyecto. El problema hay que contextualizarlo. Determinar, contextualizar y jerarquizar los problemas nos permite tomar la decisión, acerca de lo que la comunidad quiere trabajar, principalmente en su proyecto.

La definición del problema es un momento clave y no exento de juicios de valor; con base en los datos se puede interpretar el problema de formas diferentes, priorizar en forma distinta las causas, escoger distintos modos de intervenir.

Como ni la naturaleza, ni la sociedad son "transparentes", porque la realidad generalmente la vemos desde certidumbres, creencias y estereotipos cotidianos bastante viciados o, al menos, poco críticos o analíticos, es necesario que diagnostiquemos investigativamente la situación existente.

Toda investigación parte de un problema, con el proyecto educativo también se busca resolver el problema más importante que manifieste la comunidad educativa. El problema hace referencia a una situación desconocida y al desarrollo de una serie de acciones para darle solución.

Cuando se formula el problema se concreta su enunciación, ésta ha de ser inteligible, clara, precisa y completa.

Algunos criterios básicos para delimitar el problema se encuentran en la respuesta que se dé a los siguientes interrogantes:

- ¿Qué va a hacer? Esto es, a qué se refiere el proyecto.
- ¿Para qué? ¿Qué se desea lograr?
- ¿Por qué? Son las razones que justifican el proyecto.
- ¿Cómo? Se refiere a los pasos, etapas, fases, formas; para lograr lo previsto.

- ¿Con qué? Los recursos indispensables para desarrollar el proyecto, entre otros: humanos, administrativos, pedagógicos, físicos, materiales.
- ¿Cuándo? Los tiempos, el cronograma de su planeación, ejecución y desarrollo.

La priorización del problema

Se presenta esta manera de priorizar un problema por su sencillez y aporte al contexto institucional.

Los problemas son vacíos, carencias, necesidades o dificultades que percibimos mediante el conocimiento de la realidad (diagnóstico) los cuales demandan una propuesta para cambiarla o resolverla (proyectos).

Por medio del diagnóstico la institución empieza a percibir las necesidades globales de un grupo o comunidad en las áreas programáticas de su competencia. Lo anterior le va permitiendo visualizar los problemas de un sector; sus oportunidades y restricciones; sus proyecciones futuras, así como sus potencialidades y en tal sentido, poder jugar un papel dinámico y activo en todas las acciones de la planeación participante.

En la identificación del problema es importante tener en cuenta que el término "problema" indica la mayoría de las veces: carencia, necesidad, vacíos, soluciones a medias, amenazas, debilidades.

Sin embargo, en muchos casos, no necesariamente indica características negativas o de conflicto. El término "problema" puede connotar elementos positivos o a favor: fortalezas, posibilidades de un área o grupo que, mediante un proyecto, se aprovechan.

El "problema" (situación positiva o negativa) se identifica mediante una lluvia de ideas (lluvia de problemas) en donde participan todos los agentes del proyecto. Mediante una dinámica de grupo, todos los participantes opinan cuáles pueden ser los pro-

blemas del área, sector o grupo. Uno de los participantes anota, en el orden que van surgiendo, las ideas o problemas identificados por el grupo; conviene que cada participante del grupo vaya elaborando su propia lista, conforme la elabore el grupo.

Muchas veces el mismo problema es verbalizado diferentemente por varios de los componentes del grupo; o bajo la misma palabra, diferentes personas quisieron expresar conceptos disímiles.

Por lo tanto, una vez que se tenga la lista completa de los problemas, y antes de entrar a priorizarlos, es necesario definir cada uno de ellos para que se obtenga un consenso de lo que cada problema implica para todo el grupo.

Una vez estén los problemas listados y definidos, se entra a la priorización de los mismos de tal forma que se puedan abordar en primera instancia los prioritarios o de mayor significación.

Los métodos para buscar consenso sobre la importancia de los problemas de un sector, grupo o comunidad, pueden agruparse en dos conjuntos: los cuantitativos o matemáticos como predicción y la extrapolación de tendencias y los basados en información cualitativa, los cuales buscan conceptos y opiniones sobre un área específica.

Entre los métodos cualitativos más conocidos está el método ABACO, el cual busca solucionar el problema del excesivo liderazgo de alguna o algunas personas en el grupo, dando igual peso a las opiniones de todos.

La importancia de la técnica radica en que permite medir las opiniones de un grupo frente a un problema determinado. Si por opinión se entiende la aceptación o rechazo de algo, el ABACO proporciona la manera de detectar las opiniones favorables o desfavorables, frente a una problemática dada. Para ello se utilizan los colores del semáforo con el código siguiente:

Verde   (V)
Verde pálido   (VP)
Amarillo   (A)
Rojo pálido   (RP)
Rojo   (R)

Problema resuelto (opinión muy favorable)
Problema casi resuelto (opinión favorable)
No sabe (opinión neutra)
Problema grave (opinión desfavorable)
Problema muy grave (opinión muy desfavorable).

El proceso de aplicación de la técnica requiere los siguientes pasos:

1. *Lluvia de problemas: cada participante expone el problema que en su opinión es relevante para ser abordado desde un proyecto. Como resultado, el grupo obtiene una lista de problemas, la cual debe estar disponible para cada uno de los participantes.*

2. *Diligenciamiento individual: los expertos (conocedores del tema) reflexionan sobre cada problema de la lista y expresa su opinión por medio de los códigos ya mencionados (R, RP, A...).*

3. *Primera tabulación de datos y justificación de la opinión: el resultado se coloca en una matriz de la siguiente forma:*

MATRIZ PARA TABULAR DATOS					
EXPERTOS PROBLEMA	PABLO	MARÍA	JUAN	S	X...
1. ...					
2. ...					
3. ...					
4. ...					
5. ...					
. ...					
. ...					
12. ...					

En el sitio correspondiente a cada problema y a cada experto se coloca el código (color) correspondiente a su opinión, siendo ésta anotada por alguien escogido como secretario. Nadie puede opinar por otro.

4. *Procesamiento de datos por filas: permite ver la opinión de los expertos con respecto a cada problema, de manera despersonalizada en pro y en contra. Se hace una sumatoria de códigos por problema.*

5. *Procesamiento de datos por columnas: Deja conocer la opinión de cada experto sobre el conjunto de problemas, o sea, su visión favorable o desfavorable con respecto a los temas estudiados.*

6. *Cambio de opinión y de color; como resultado de la confrontación de opiniones cualquiera de los expertos puede cambiar de parecer. Lo importante es que quienes deseen modificar su opinión (verde, amarillo, rojo), lo hagan justificando su nueva posición.*

7. *Resultado final: es la clasificación, por rangos, de los problemas que se están estudiando. Al mismo tiempo, se explicitan las razones por las cuales fueron seleccionados por los expertos.*

Se pretende clasificarlos desde el más importante hasta el de menor importancia. En este caso, los problemas más graves serán aquellos que muestran la mayor intensidad roja, roja pálida en la matriz problemas expertos. (Procesamiento por filas).

Dependiendo de la disponibilidad de recursos, se diseñarán proyectos para solucionarlos en estricto orden de rojo a verde.

Tomado de: BANGUERO H., y QUINTERO V. M. Los proyectos sociales. Instituto FES de Liderazgo, Cali, 1991.

Objetivos

Con el planteamiento de los objetivos se pretende saber *PARA QUÉ* se hace un proyecto y *QUÉ* se espera obtener al culminar su desarrollo.

Estos deben ser enunciados claros y precisos de las metas y los propósitos que se persiguen. Han de responder a la filosofía de la institución y a las necesidades encontradas en el diagnóstico.

Un objetivo puede ser:

- Una meta ó fin a dónde se dirigen las acciones.

- Un propósito, implica una intención.

- Un punto central de referencia que permite entender la naturaleza específica de las acciones por realizar.

- Un producto o resultado de un trabajo o actividad.

El objetivo busca prever un efecto y este se relaciona con el resultado y las consecuencias que produce un acto.

Objetivos Generales

Engloban todo un conjunto de metas, logros y fines del proyecto a largo plazo y, para que se expresen en el enunciado de los objetivos, estos deben abarcar una amplia gama de contenidos, conceptos e información.

Objetivos Específicos

Señalan puntualmente las acciones que se llevarán a cabo en el proyecto, los medios que se utilizarán y el por qué o para qué se realizarán y qué logros o resultados se aspiran alcanzar a corto plazo.

Un objetivo bien formulado logra transmitir lo que realmente intenta realizar o alcanzar el proyecto.

Se debe evitar incluír muchos objetivos específicos ya que plantearse muchas metas, logros o propósitos puede confundir a las personas que trabajan en un proyecto.

En un proyecto los objetivos son básicos. Tienen un carácter más operativo, hay que traducirlos en logros específicos, indicando lo que se quiere lograr con la realización del proyecto, dentro de un tiempo delimitado. Esto quiere decir que las metas operacionalizan los objetivos, definiendo el cuándo y el dónde se realizarán.

REFERENTE TEÓRICO

> *"Ningún hombre de temperamento científico afirma, que lo que ahora es creído en ciencia, sea exactamente verdad, afirma que es una etapa en el camino hacia la verdad"*
>
> *Bertrand Russell*

La fundamentación teórica y conceptual constituye el sustento necesario para el desarrollo del proyecto investigativo. Es aconsejable hacer una revisión acerca de las investigaciones y/o estudios teóricos que se relacionan con el tema objeto de investigación.

Se puede empezar por indicar el sentido de los términos fundamentales, éstos son los que forman parte básica del trabajo investigativo, han de conceptualizarse o si es el caso reconceptualizarse porque no siempre su significado es evidente, aún para especialistas en el tema.

La reconceptualización es necesaria porque la misma concepción de lo que es educar cambia en la medida en que conocemos las limitaciones educativas existentes y las exigencias y desafíos actuales.

Esta aclaración de términos permite tanto a quienes participan activamente en el trabajo como a quienes lean el trabajo, hablar el mismo lenguaje y presentar su punto de vista acerca de los temas fundamentales del proyecto.

Como aspecto importante hay que tener en cuenta el conocimiento e información acerca de la realidad en la cual se encuentra la institución educativa.

La información, que permita conocer mejor el tema-problema, se puede obtener en diversas fuentes como: libros, informes, revistas, enciclopedias especializadas, anuarios pertinentes al tema, tesis de grado y otros.

Es necesario ir más allá de la presentación de éstos términos para desarrollar la conceptualización de la institución al respecto de lo que se sustenta e indicar las teorías que fundamentan el proyecto. Lo anterior sirve además, para indicar que el quehacer pedagógico se fundamenta en bases sólidas, que el desarrollo y ejecución del proyecto es un trabajo permanente y dinámico.

Algunos criterios conceptuales

En nuestro medio, nos encontramos en un período en el cual algunos términos relativos a la educación como: estrategia, dispositivo, objetivo y otros, sufren tropiezos de reconceptualización, se descomponen y se enderezan, están en proceso de construcción, al cual podemos y debemos aportar nuestra reflexión y experiencia para elaborar criterios que sin ser camisa de fuerza, permiten compartir criterios comunes sobre nuestro quehacer educativo.

En esta situación han estado los conceptos sobre pedagogía y educación. Se presentan algunos elementos que muestran varias relaciones e implicaciones mutuas, pero también, la especificidad de cada uno, ya que "no existen independientes, sino fundidos en una unidad indivisible como el reverso y el anverso de una moneda" (Luzuriaga, 1979, 11)

En los paises europeos desde 1969, especialmente, se presentó el debate sobre el significado, aporte y función de la pedagogía y de la educación, Piaget lo comprobó al referirse al análisis sobre los temas mencionados en las Academias de Ciencias Pedagógicas de Alemania, Hungría y la Unión Soviética, para mencionar algunas.

Suele afirmarse que una auténtica política educativa ha de considerar y profundizar los problemas propios de la pedagogía entre los cuales se cuentan, a modo de ejemplo: la democracia en la escuela, la vida que ésta genera, las condiciones humanas en las cuales se dan los aprendizajes, las situaciones en que se encuentran estudiantes y profesores, entre otras.

Es importante el desarrollo de una investigación pedagógica, como una de las formas de hacer avanzar la educación.

Pero más que dilucidar determinados problemas educativos "la investigación pedagógica y la pedagogía procuran participar en un movimiento social que mejore los sistemas de educación y hagan progresar a los hombres y a las mujeres actores de la enseñanza y de la escuela para que los niños y jóvenes puedan ser los artífices de su propio futuro". (Best, 1988, 171).

La investigación pedagógica tiene un carácter más globalizador y prospectivo que una investigación en educación.

Hay que advertir que la pedagogía no se opone al saber, la pregunta siguiente encierra una visión acerca de la naturaleza de la pedagogía:

"¿Es el pedagogo el esclavo que encamina a los niños hacia el preceptor y el conocimiento, o bien el ser humano adulto que reflexiona sobre la condición de la infancia y el saber de la humanidad, y 'conduce' al niño hacia el saber y la ciudadanía adulta?". (Best, 163).

La historia de la pedagogía, entendida como una reflexión teórica acerca de la educación, se encuentra vinculada estrechamente al quehacer de las instituciones que han formado personas con la misión de ser educadores.

En varias instituciones para educadores, se empezó diferenciando una pedagogía general con doctrinas como las de Platón, Montaigne, Rousseau, Montessori, y otros como reflexiones de índole filosófica; y una pedagogía "especial", o práctica que le ayudaba al maestro a enseñar una disciplina determinada como: pedagogía de la lectura, pedagogía del cálculo, y otras.

Así empiezan a organizarse las llamadas ciencias de la educación, con cátedras a cargo de filósofos o de sociólogos.

Luego se produce un desdoblamiento y la ciencia de la educación queda para la nobleza universitaria, y lo práctico para las escuelas normales.

Por este mismo tiempo, la psicología genética de Piaget y Wallon obtienen una gran aceptación y reconocimiento, de tal manera que lo científico era la psicología y con ella se ligó la pedagogía, otorgándole carta de una pedagogía científica.

"De esta solución ilusoria, en que se confunden los fines de la educación, el conocimiento del sujeto que ha de educarse y el dominio de los medios de la enseñanza, nacerá el término, mal constituído y confuso, *psicopedagogía*" (Best, 1988, 164).

Se criticó que la psicología no podría ser norma para la acción de los maestros, ni tampoco en ella se encontraba la explicación única y suficiente de los diversos fenómenos que se presentaban en educación.

Es necesario seguir ubicando lo básico de la educación y de la pedagogía, pues la pedagogía general se ha vuelto una filosofía, sociología o psicología de la educación y las pedagogías especiales didácticas.

A continuación se presenta el sentido con el cual se toman aquí la educación, la pedagogía y la didáctica.

Se toma aquí la educación como un proceso social, mediante el cual las personas se integran dinámicamente, se socializan y se preparan para crear y recrear pautas, valores y experiencias compartidas por quienes conviven en una determinada sociedad. Este proceso permite a sus miembros conocer y producir cultura y contribuye al desarrollo físico e intelectual de cada persona, mediante su acción creadora.

La educación se manifiesta en un proceso educativo mediante el cual se fundamentan y orientan las actividades de la vida humana.

El proceso que sigue es integral y continuo con manifestaciones específicas en las diversas etapas de desarrollo.

Como elemento socializador, la educación es una forma de orden social en el cual, la interacción al interior de la escuela permite diversos procesos de relaciones, entre las cuales, la comunicación y el orden del saber, facilitaron la constitución de las personas que interactúan.

El proceso educativo puede darse de manera informal o escolarizado. El primero se da mediante la convivencia de la persona como miembro de grupos tales como la familia, los amigos, la comunidad en donde se encuentra, etc.

El proceso escolarizado es socio-político cultural, se realiza mediante la acción de agentes que tienen cierto nivel de especialización como son: los padres y los maestros, cuya función es coadguvar a la adquisición, valoración y desarrollo de normas, pautas o actitudes, conocimientos y valores, entre otros, para de esta manera buscar la incorporación de quienes están en estrecho contacto con su función, a la sociedad en la cual todos se encuentran;contando con su dinámica participación.

En general se asume la educación como una práctica social que lleva implícita o explícita una determinada visión de hombre, de sociedad, de vida, de cultura; con la cual se busca el crecimiento de sus miembros, implica un cambio con un momento anterior y la superación de dicho momento.

En este sentido las prácticas e instituciones han tenido una lenta organización que ha permitido de acuerdo con las diferentes situaciones y condiciones, asumir tipos diferentes de hombre, de visión de mundo y sociedad. Aquí el papel de cada persona es de capital importancia para su desarrollo y el aporte a la sociedad.

PEDAGOGÍA

Tiene como objeto de su desarrollo lo que se entiende por educación y va más allá del enseñar, se manifiesta cuando se reflexiona sobre la educación "cuando el saber educar implícito, se convierte en un saber sobre la educación, sobre sus cómo, sus por qués, sus hacia dónde". (Lucio, 1989, 3).

Es una teoría de la acción educativa que no se agota en la descripción, ni en la explicación, ni mucho menos en la búsqueda del método más apropiado para dictar una clase, sino que busca algo más allá de lo que se hace para mejorar dentro de un deber ser del hombre.

Lo más importante de la pedagogía no son los métodos que emplea, sino más bien las razones teóricas mediante las cuales encuentra esos métodos, la forma como los organiza y valora.

Partiendo de la base educativa existente en una determinada comunidad recupera lo positivo de la historia que existe y el proceso creador de su cultura para reflexionar sobre el para qué de lo existente.

Teniendo como referentes la naturaleza y la finalidad de la formación del hombre, aspira a ciertos objetivos. La pedagogía reflexiona sobre los problemas relativos a los fines, a los métodos y los problemas que tienen que ver directamente con la práctica pedagógica.

El para qué de toda pedagogía es la formación de una estructura de conciencia coherente de saberes para comprender, explicar y vivir el mundo; dicha formación es un proceso.

Considerada como reflexión teórica orienta la acción educativa, se manifiesta cuando el maestro toma distancia de su práctica para analizarla, especialmente en cuanto a la naturaleza de lo que hace y en cuanto a las funciones de su ejecución.

Busca estudiar, reflexionar y comprender el proceso educativo, tanto desde el punto de vista de sus fines, como de sus componentes, sus funciones, su naturaleza y sus manifestaciones.

Cuando se persigue la respuesta a la pregunta sobre el tipo de ciudadano que se pretende construír mediante la educación, es necesario acudir al saber de disciplinas como la ética, la política, la antropología, la historia, entre otras.

La formación del ciudadano que se quiere para una sociedad dentro de un proyecto educativo, necesita apelar a diversos saberes como fuente de apoyo y enriquecimiento, pero cuando se concreta la creación de dicho ciudadano, se está incursionando en el terreno que es específico de la pedagogía para buscar aclarar lo que se quiere.

Dicha formación es el aspecto capital de la pedagogía, formación que no se alcanza a desarrollar en un momento determinado y luego se abandona, sino que persiste a través de toda la vida de la persona y de la sociedad, que no se da de una vez por todas, sino que necesita una actualización permanente.

"Si se puede aceptar que el problema de la especificidad de la formación pedagógica, como identidad profesional del docente, es un punto que los intelectuales preocupados por la pedagogía debemos considerar como integrantes de un gremio que lucha por legitimar e institucionalizar su oficio dentro de la sociedad; es porque la identidad de maestro no se desprende como colorario de la formación científica". (Vargas, 1993, 28)

Suele decirse que el saber pedagógico es la razón de ser de la pedagogía, es necesario desentrañar en qué sentido se habla de ese saber y cómo ha de influír en la percepción que el maestro tiene de lo que es, de lo que sabe y de lo que hace.

Porque "dominar algún contenido científico es condición necesaria, pero no suficiente, para ser maestro; para tener un puesto en la construcción de una sociedad deliberante, ética y participativa. Para ello se requiere no de unos valores fijos o predeterminados, sino del reconocimiento de la capacidad de construír en socialidad el horizonte de la experiencia histórica. Reconocimiento que, a su turno, no tiene la sociedad civil, como meta sino como punto de partida para todo quehacer orientado al futuro". (Vargas, 28).

Didáctica

Es entendida como aquel saber que conceptualiza el proceso instructivo, orienta el método mediante el cual se lleva a cabo en general, y de acuerdo con cada saber, lo que se enseña.

Está sustentada en un pensamiento pedagógico y es un aspecto fundamental de la práctica educativa, de aquí la importancia de conocer el aporte de los pedagogos.

Se habla de una didáctica que es general, pero también de didácticas específicas como la de las sociales, las matemáticas, etc.

Se considera "la didáctica no como la práctica misma de enseñar, sino como el sector más o menos bien delimitado del saber pedagógico que se ocupa explicitamente de la enseñanza". (Vasco, 1990, 15).

La didáctica no se reduce al método, no existe un único método, existen varios métodos en una misma disciplina.

El método es el camino sistematizado que se presenta para ser seguido y llegar a algo.

El currículo

El panorama que se presenta sobre el currículo, es una breve ilustración acerca del proceso de conceptualización sobre el mismo en nuestro medio y una opción que no desconoce el debate sobre lo que este significa; pero que, aporta el énfasis para su construcción por parte de la comunidad educativa, contando con las, limitaciones, que ésta puede tener para su elaboración, por su histórica falta de autonomía, pero con la convicción que aprendemos equivocándonos.

La educación centrada en el currículo tuvo su origen en una comprensión filosófica marcada por la técnica, según Mockus: (1987, 136) epistemológicamente esa perspectiva es doblemente positivista: pretende un conocimiento y una reorganización de la educación desde una aproximación cuyo modelo de cientificidad está tomado de las ciencias naturales y pretende una reducción operativa del acceso al conocimiento a la adquisición de una serie de habilidades y destrezas específicas. De manera bastante explícita esa perspectiva excluye (o, en algunos casos, incluye, pero al costo de una similación a su esquema) las conexiones privilegiadas con lo moral y con el conocimiento que desde Grecia han acompañado los esfuerzos de pensar y orientar la educación formal. Franklin Bobbit, fue la persona más sobresaliente de esta concepción. Un verdadero distanciamiento con el enfoque anterior surgió a finales de la década del sesenta, cuando Philip Jackson presentó de manera bastante amplia la expresión "currículo oculto" utilizada por Joseph Grannis en 1967, mediante la cual se hace referencia a la existencia de una serie de actitudes y de valores que se encuentran presentes en la transmisión de conocimientos y destrezas.

Michael W. Appel retoma los trabajos pioneros sobre el currículo oculto especialmente los de Basil Bernstein en un movimiento más amplio de reconceptualizadores del currículo, éstos se caracterizan por un distanciamiento crítico frente a los planteamientos liderados por Bobbit.

De acuerdo con la posición de Appel la selección, jerarquización y la organización del conocimiento corresponde y se relaciona con las características básicas de la sociedad en la cual se da.

De acuerdo con el sentido de la mayoría de edad de Kant, la responsabilidad de asumir la dirección del proceso educativo es personal, grupal-institucional; es el proceso dialógico entre la persona y su grupo el que indicará dentro del proyecto educativo institucional qué se busca, cómo y porqué.

En el artículo 76 de la Ley General de Educación 115 el currículo es "el conjunto de criterios, planes de estudio, programas, metodologías, y procesos que contribuyen a la formación integral y a la construcción de la identidad cultural nacional, regional y local, incluyendo también los recursos humanos, académicos y físicos para poner en práctica las políticas y llevar a cabo el proyecto educativo institucional".

Siguiendo a los reconceptualizadores del currículo, se presenta aquí como el conjunto de prácticas que en cierto momento de hecho tienen lugar en una institución escolar, de esta manera se busca asimilarlo más a la vida escolar con lo que traen quienes están en la institución escolar y lo que realmente ocurre en las aulas dentro de un proceso conjunto de aprender y compartir un saber por parte de estudiantes, educadores, y comunidad educativa. Esta perspectiva va más allá de lo formalmente dispuesto y se relaciona con lo que hacemos todos nosotros como actores.

El término currículo, se ha empleado para significar conceptos diversos; los más frecuentes han sido:

a)   El conjunto de experiencias de aprendizaje que existen en una institución.

b)   Lo que se organiza, de acuerdo con la comunidad y con el ambiente, en orden al desarrollo académico y humano de los estudiantes.

c)   Una disciplina tecnológica que se aplica en el proceso educativo.

Se presentan dos enfoques que buscan polarizar las diversas concepciones del término para ubicar un sentido.

Enfoques

Enfoque instrumental: Se caracteriza por ser mecánico, cerrado, impuesto, estático, yuxtapuesto.

Desde el punto de vista filosófico; se considera al hombre como un conjunto de estímulos y respuestas que se manifiestan en forma externa y limitan la actividad crítica y la creatividad.

El aprendizaje es individual, se limita al recuerdo de información y su base pedagógica es la enseñanza.

El propósito del currículo es el logro de conductas previamente determinadas, su énfasis está más en los contenidos que en los procesos del auto-aprendizaje.

Enfoque intencional: Caracterizado por ser estratégico, abierto, participativo, dinámico e integrado.

Desde el punto de vista filosófico, considera al hombre como un ser autónomo, capaz de autorealizarse, comprender y actuar críticamente sobre los estímulos externos. Es un ser activo, crítico y creativo.

El aprendizaje es inter-grupal, selectivo, intencional y un proceso de construcciones y soluciones a problemas concretos de orden académico y comunitario de experiencias de auto-aprendizaje. Procura la creación y desarrollo de esquemas mentales lógico-formales orientados a la madurez del espíritu crítico y creativo.

El currículo tiene como propósito la comprensión de fenómenos y hechos, la explicación de relaciones que permitan una aplicación racional de los conocimientos con énfasis en la apertura y flexibilidad curricular y el dominio personal de procesos, habilidades y desempeños.

Según Chadwick, citado por Sánchez, (1987, 13) el currículo incluye cinco elementos generales referidos al hecho educativo integral, el cual está formado por la enseñanza, el aprendizaje y todas las circunstancias que se dan alrededor de ellos. Dichos elementos son:

*   Los contenidos que existen en el hecho educativo.

*   Quiénes participan en él.

*   Cuándo se da.

50

*   Cómo se da.

*   Para qué se da.

Con base en los elementos mencionados, la estructura curricular puede constar de:

a)   El marco teórico (que viene dado por los fundamentos).

b)   El perfil del estudiante (actual y proyectivo).

c)   El plan de estudios y programas académicos.

d)   La evaluación.

e)   La administración.

Concibiendo la escuela como una realidad que expresa una "red" de relaciones entre la institución escolar, su entorno, su pasado y su futuro, el Currículo vehicula esta realidad de la vida escolar mediante la interacción de sus actores, sus compromisos y sus objetivos, mediados por el empleo imaginativo de los recursos y oportunidades que estén a su alcance.

En esta perspectiva, "el currículo es un proceso pedagógico que permite la elaboración intencional y consciente de una síntesis de los elementos de la cultura (conocimientos, valores, costumbres, creencias, hábitos, tradiciones, procesos, etc). Que a juicio de quienes lo elaboran deben ser pensados, vividos, asumidos o transformados en la institución escolar, con el fin de contribuír a la formación integral de las personas y de los grupos y a la construcción de la identidad cultural, nacional, regional, local e institucional". (MEN 1994, 35).

En América Latina, Abraham Magendzo ha sido uno de los que han difundido con más vigor las teorías reconceptualistas del currículo. Para él, el currículo es una selección y organización de la cultura; se hace currículo no solamente cuando se deciden los aspectos de ésta que han de incluirse o excluirse en actos escolares de enseñar y aprender, sino, en el proceso de organizar, desarrollar y evaluar la cultura seleccionada.

En el P. E. I. para el desarrollo curricular hay que tener en cuenta, entre otros aspectos, la filosofía de la institución, el tipo de hombre y de sociedad que la comunidad educativa aspira a formar, por lo anterior el currículo no se agota en las materias, ha de tener en cuenta, además, los planes, programas y sub-proyectos en las estrategias pedagógicas que relacionen el quehacer educativo con la vida.

Plan de estudios

Es una forma mediante la cual se presenta intencionalmente el desarrollo del currículo. Ha de responder a los principios y criterios con los cuales se organiza el P.E.I. y sus partes responden entre otros aspectos al qué, el cómo, el para qué y el cuándo del proceso educativo. En él ha de manifestar la autonomía escolar para concretar la concepción y enfoque pedagógico de los planteamientos, sobre ciencia, conocimiento, enseñanza y aprendizaje.

Comprende las áreas obligatorias y fundamentales, las áreas optativas, las asignaturas respectivas con sus intensidades, los sub-proyectos, los lineamientos metodológicos, la forma de evaluar y las actividades y procedimientos mediante los cuales se desarrolla el proceso educativo de acuerdo con el proyecto educativo institucional.

El aprendizaje que facilita la escuela ha de relacionarse con los aprendizajes de la vida diaria, de tal forma que ésta consideración incida en los contenidos curriculares con los cuales se confronta o produce un saber.

El plan de estudios está compuesto, principalmente por:

* El plan de área.

* El plan de asignatura.

* El cronograma general de las actividades de la institución.

* Los sub-proyectos.

* Las actividades pedagógicas complementarias y planes particulares de actividades específicas.

52

Este plan es una respuesta organizada por las áreas y las asignaturas
al diagnóstico realizado.

El área en general es un ámbito cultural de conocimiento,
compuesta por asignaturas que comparten un objeto de estudio.

Para organizar el plan de área hay que tener en cuenta, entre
otros, los siguientes componentes:

Identificación. Indicar el nombre del área, año, intensidad
global y, asignaturas, con sus intensidades.

Objetivos generales. Tienen que ver con los dominios cognoscitivos, socioafectivos y psicomotores, de carácter general,
que se piensan alcanzar, a través del desarrollo de las asignaturas
que la conforman.

Estructura. En esta parte hay que explicitar: contenidos
generales, secuencia, grado de profundidad, enfoque e interrela-
ciones.

Indicadores de logro. Son señales o criterios que sirven para
los progresos alcanzados en la formación esperada del educando.
Entre estos procesos se encuentran los presentados por la directiva
Ministerial 016, del 23 de febrero de 1995.

Estos indicadores se relacionan con el desarrollo cognitivo,
las formas de comunicación, los procesos especialmente biológicos
y físicos de la persona, la valoración y actitudes que permiten concretar las manifestaciones de una formación integral y la expresión
artística y estética. Cada plan de asignatura ha de indicarlos.

Análisis de fortalezas y debilidades. Encontradas como fruto
de la evaluación institucional, total o parcial.

Criterios de evaluación. Son los fundamentos y procedimientos acordados para practicar la evaluación continua, integral y cualitativa.

Recursos. La relación de los libros que conforman el bibliobanco del área, el material de apoyo didáctico y el nombre de los profesores que administran el área.

Plan de asignatura

La asignatura es un saber que posee un cuerpo propio de conceptos, principios, teorías y métodos que permiten construír, desarrollar y apropiarse un conocimiento y apoyar el desarrollo integral del estudiante.

Un plan de asignatura puede tener los siguientes componentes:

Identificación. El nombre de la asignatura, el grado, la intensidad total y semanal, el período lectivo, el área de la cual forma parte, el año y el educador que orienta su desarrollo.

Objetivos. Son los logros cognoscitivos, socioafectivos y psicomotores que se piensan alcanzar al finalizar su desarrollo.

Unidades que conforman la asignatura. Presenta los contenidos básicos para desarrollar indicando cuáles se desarrollarán mediante proyectos y cuáles en unidades independientes.

Cronograma. Distribuír adecuadamente las 40 semanas del año lectivo entre el número total de unidades, y señalar las fechas aproximadas de iniciación y terminación de cada una.

Recursos. Son las personas y materiales que apoyan el desarrollo de la asignatura.

54

Metodología. Presenta los paradigmas pedagógicos que se siguen para orientar la asignatura y el método respectivo para cada una.

Evaluación. Los procedimientos para realizar una evaluación, teniendo en cuenta lo acordado en el plan de área.

Bibliografía. Además de los textos de la asignatura consignar otros materiales que aporten al desarrollo de la misma.

Proyecto Pedagógico

Se propone el desarrollo de proyectos pedagógicos, teniendo en cuenta las siguientes consideraciones: Dado el carácter de los fenómenos sociales y educativos, es necesaria la reflexión y problematización del saber del maestro, es un punto de partida para la reflexión crítica; este saber no es absoluto; es social, histórico, institucional profesional. Es esencial como praxis crítica del profesional que reexamina y contextualiza constantemente su profesión.

"Los maestros necesitamos comprender los procesos sociales mediante los cuales se produce y da por supuesta una realidad social; cómo se define y organiza el conocimiento, cómo se relaciona ese saber con la organización curricular e institucional; por qué se perciben así las cosas, cómo se produce y mantiene el orden institucional. Las explicaciones cotidianas, crean una realidad que puede investigar explorando acciones a través de las que se produce. Por ello es necesario desarrollar una acción estratégica informada, que dé significado a la prática; actuar en forma correcta, prudente, contextualizada". (Carr y Kemmis, 1988).

Las prácticas son fuentes de teorías y saberes educativos; determinan el valor de la teoría educativa, dado que los problemas educativos surgen y se resuelven en la práctica. Por ello el maestro debe ser investigador de la educación, desarrollar un entendimiento sistemático de las condiciones que configuran, limitan y determinan su acción, para tener en cuenta los factores que inciden en su práctica.

Los maestros aprenden de sus prácticas educativas en el proceso de cambiarlas, mediante la observación sistemática de problemas y efectos de los cambios introducidos.

Carr y Kemis proponen que el Proyecto es la oportunidad para aprender de la experiencia y planificar el propio aprendizaje; concretar recursos intelectuales y estratégicos.

Lo que se busca es generar un proceso educativo dinámico, flexibe y creativo.

Por tal razón, el trabajo teórico (información-material escrito y desarrollo de algunas actividades presenciales), no es suficiente para incidir en la práctica pedagógica; requiere de oportunidades para confrontar, interrogar, decidir e implementar "otras" alternativas de acción.

ENFOQUE DEL PROYECTO

Aquí se enfoca el proyecto como un proceso dinámico que busca la eficiencia interna del desarrollo educativo en términos de obtener resultados de procesos con mayor permanencia estudiantil, construcción o reconstrucción de conocimientos. Permite conectar la institución educativa, mediante una perspectiva investigativa, con la vida de la sociedad, la escuela y la comunidad.

Si bien puede seguir ciertas pautas generales en el sentido de unos lineamientos técnicos para su desarrollo, los cuales se concretan en las etapas de: planeación, ejecución y desarrollo, ha de caracterizarse porque:"imprime estilo institucional, es decir una caracterización tal, que los hace irrepetibles, en razón de sus directrices, estructuras y formas para abordar el trabajo pedagógico y para transformar factores y situaciones de estancamiento y rutinización de la vida escolar". (Niño y otros, 1994, 49).

Se quiere que sean las personas que forman la comunidad educativa, tomada como entidad social, quienes elaboren el proyecto.

56

Esta comunidad educativa está compuesta principalmente por: estudiantes, educadores, padres de familia o acudientes de los estudiantes, egresados, docentes directivos, docentes y administradores escolares.

Hay que tener en cuenta que los proyectos educativos forman parte de los programas que desarrollan o buscan desarrollar el Plan de mejoramiento de la calidad de la educación.

Se entiende el proyecto en términos de la calidad educativa"como posibilidad de generar un proceso comunitario participativo, mediado por la cultura a través de la escuela, organizado en función del desarrollo integral de los estudiantes y maestros y de la elaboración de saberes con miras a posibilitar la conquista de su autonomía y con ella la vinculación activa a la transformación de su medio". (Sistema nacional y regional de evaluación de la calidad de la educación. Informe final. 1992.)

Sin entrar en divergencia con muchas concepciones existentes acerca de lo que se entiende por proyecto educativo institucional, se presenta la conceptualización siguiente de lo que en este texto se entiende por proyecto educativo institucional.

Es un proceso de reflexión y acción, que efectúa una comunidad educativa mediante el cual se concretan entre otros aspectos: los principios y fundamentos que orientan la labor formativa de la institución, la intención pedagógica y sus estrategias para lograrla, los conceptos acerca de educación y sociedad, los códigos del saber y la cultura, la evaluación, la forma de comunicación e inter-relación que presenta la institución educativa y los criterios de organización administrativa y gestión del proyecto, para buscar el desarrollo integral de dicha comunidad.

El PEI puede tener entre otras, las siguientes incidencias:

Desarrollo Educativo. En cuanto parte de las necesidades sentidas y expresadas por la comunidad y plantea alternativas para el mejoramiento de la calidad educativa de la comunidad.

Es una propuesta de trabajo investigativo. Porque es permanente y tiene varios niveles, de acuerdo con los momentos que atraviesa el proyecto.

Como proyección a la comunidad. Para propiciar el desarrollo humano de todos los integrantes que intervienen en el proceso, proyectándose específicamente hacia la comunidad, a la vez que ella se integra como ente autogestionario de su progreso, teniendo en cuenta el desarrollo de valores propios de la institución.

Características del proyecto

Se entienden por características de un proyecto pedagógico, esos elementos que lo hacen diferente de otros proyectos, que le dan la esencia particular y específica en, con y para el quehacer pedagógico.

Rasgo institucional. El proyecto ha de basarse en la filosofía y objetivos de la institución pensados por y para la comunidad usuaria.

Se trata de una búsqueda sistemática de respuestas a problemas sentidos, iluminados por una reflexión teórica que pretende generar un conocimiento y transformar una situación.

Exigencia investigativa. Hay que tener en cuenta una metodología definida, con un enfoque investigativo, acorde con las necesidades sentidas. Es necesario proyectar el desarrollo cognitivo, afectivo y psicomotriz de las personas implicadas, puesto que deben realizar y evaluar los procesos con criterios de responsabilidad, independencia y compromiso en pro de la formación del hombre integral.

Con base en el conocimiento que genera el proceso investigativo, se debe transformar lo existente mejorándolo. Se han de generar nuevas posibilidades investigativas.

Es globalizador. En cuanto trabaja un aspecto de la realidad, teniendo en cuenta la totalidad (aspectos socioeconómicos, político, cultural...), enfatizando la relación hombre-medio. Ha de ser flexible y abierto, permitiendo una retroalimentación permanente que facilite la adaptación del mismo a las diferentes situaciones que se presenten.

"El proyecto puede construirse a partir de un aspecto de la realidad pero tiene en cuenta la totalidad y la afecta. Por ejemplo, un proyecto donde se buscan transformar las prácticas escolares alrededor de la lecto-escritura, supone conocer el contexto escolar y cultural de la escuela, las relaciones pedagógicas suscritas en ese marco, la metodología que se ha empleado, etc. De esta forma, el proyecto genera nuevas posibilidades y prácticas y transforma la acción de la escuela en diferentes aspectos que tienen que ver con esta temática". (Posada 1990, 3).

Busca la autonomía. Propende por la autonomía de quienes construyen, realizan y evalúan los desarrollos del proyecto. Se basa en una participación real en todo el proceso, bajo criterios de responsabilidad, independencia y compromiso.

Es operativo. Debe traducirse en términos de acciones, previsiones, tiempos y demás criterios que permitan que el proyecto se concrete en un ámbito específico.

Principios, filosofía, fines y concepciones en el Proyecto Educativo Institucional

Dentro de los conceptos básicos generales que ha de tener el PEI para lograr la formación adecuada e integral de los educandos, se pueden destacar los siguientes: los cuales en su concreción, dependen de cada institución educativa.

En este momento, como en todos los que constituyen los componentes del PEI, se necesita el análisis y la toma de decisiones de todos los miembros de la comunidad educativa, para acordar por medio del consenso lo que va a hacer la institución y su proyección social.

En relación con los principios y la filosofía se trata de concretar el tipo de ciudadano y de sociedad que se quiere. Se habla de la participación de la comunidad educativa pero, en muchas ocasiones, hay que empezar por la construcción de dicha comunidad que no existe y que se da por existente.

La base filosófica y política de la institución es de capital importancia porque señala la ruta a seguir. Según algunos estudios del Ministerio de Educación Nacional, (MEN, 1992) se señalan: "como factores de éxito", el tener una filosofía definida —principios rectores—, haber logrado establecer su sentido en la sociedad, el rol de liderazgo que asume el directivo frente a los procesos escolares, el sentido de identidad y pertenencia de los protagonistas. En estas instituciones el desarrollo pedagógico está basado en propuestas investigativas interdisciplinarias y en programas de formación permanente de maestros y directivos al servicio de la institución.

El desarrollo de este numeral permite recoger la intencionalidad que se expresa en la Ley General de la Educación para que cada institución construya su autonomía, desarrolle su conciencia y auto-determinación frente a sí misma y a su sociedad.

El PEI ha de partir de la construcción y desarrollo de su misión, que se encuentra en la enunciación y puesta en práctica de su filosofía, principios, concepciones y fines.

Por *principios* se entienden aquellos enunciados fundamentales alrededor de los cuales debe girar el conjunto de la práctica de la organización educativa.

La filosofía, al igual que la política, son formas de conciencia social que se interrelacionan con la ideología de una determinada sociedad; son realidades sociales que se encuentran dentro de una práctica totalizadora que incide en lo que hacemos o evitamos; no surge por casualidad, sino como resultado de las condiciones generales de existencia.

En el sentido anterior, la práctica pedagógica es resultado de una relación y posición filosófico-política que la fundamenta y justifica.

Algunos principios, a modo de ejemplo, (la precisión de estos dependerá, para, cada institución, del acuerdo participativo de sus miembros), pueden ser:

- La personalización y socialización del estudiante, entendida como profundización de su dignidad humana. Apoyo a su autodeterminación responsable, promoción de su sentido comunitario y de su compromiso frente al trabajo.

- El respeto entre todos los integrantes de la comunidad educativa.

- Educa para la vida, entendida esta acción como proyecto dinámico, abierto y liberador, con una fundamentación en el saber "ser" y el saber "hacer", buscando satisfacer las necesidades básicas del individuo y la sociedad.

- El desarrollo de la inteligencia por medio del análisis científico, ético, social, político, económico, estético y el desarrollo de la creatividad, especialmente en el arte, la ciencia, la técnica, el servicio a la comunidad.

- La autodisciplina, pues el ser uno mismo es la esencia de la autenticidad.

- El desarrollo del sentido de pertenencia del estudiante con su país, su comunidad, su familia y la institución en la cual se encuentra.

La filosofía

Es un hecho que la filosofía ha influído a través del tiempo en la educación, algunas veces de manera consciente en quienes educan, y otras, en forma incosciente por parte de los mismos.

Cuando el fundamento filosófico es consciente, la acción educativa se desarrolla de manera más claramente intencional y completa. El aporte filosófico ha sido de capital importancia para elaborar la interpretación de persona, la visión de mundo y de historia, entre otros, en cada época.

El habla de filosofía, no se trata de algo abstracto de cuyo saber sólo se encargan "algunas personas", es una de las más importantes maneras mediante las cuales el hombre ha organizado su pensamiento para convertirlo en acción.

Para la construcción de este aspecto, como de todos los que constituyen el PEI, es necesario el análisis y toma de decisiones participativa por parte de todos los miembros de la comunidad educativa para acordar, mediante el consenso, lo que se va a hacer en la institución educativa, con proyección a la comunidad local y general. La comunidad educativa ha de fundamentar el tipo de persona que va a ayudar a construír, el tipo de sociedad que busca, el tipo de pedagogía, de educación, de teorías del conocimiento, de aprendizaje, de metodología, de didáctica, de evaluación y de gestión administrativa que orienta su labor.

No es posible hablar de un único filosofar, pues este ha respondido a tiempos y espacios concretos, igualmente en las comunidades se presentan o se encuentran diversas posiciones filosóficas. Veamos muy brevemente algunos de los más clásicos enfoques filosóficos que han tenido repercusión en la educación, a modo de indicación de los que pueden ser seguidos por las comunidades educativas para que luego de ser analizados se opte para avanzar en el proceso formativo.

Idealismo platónico. Considera al hombre compuesto de cuerpo y alma, de los cuales el alma es lo más importante. De acuerdo con él, la educación ha de buscar fundamentalmente conocer la verdad y ajustar a ella el comportamiento del hombre.

Realismo científico. Entiende al hombre como ser racional, priorizando el desarrollo del cerebro y del sistema nervioso. Teniendo en cuenta este enfoque, la educación debe preparar a la persona especialmente desde el punto de vista intelectual y buscar el desarrollo de verdades científicas.

Pragmatismo. Las situaciones que vive el hombre ponen en peligro su vida, éste ha de darles respuestas y ha de hacerlo mediante la mutua ayuda y el contacto con su ambiente, los impulsos son básicos para conservar la vida, su proyección para la educación se ha considerado desde los siguientes aspectos principales:

- Presentarle al estudiante experiencias de aprendizaje,

- buscar la cooperación de los estudiantes entre sí, y

- desarrollar ejercicios para aplicar el método científico dentro de un ambiente participativo y democrático.

Existencialismo. Existen varias modalidades de existencialismo. En general, este sistema filosófico busca la auntenticidad del hombre, el cual es un ser por realizarse y ha de asumir las circunstancias en las que le corresponde vivir, cada uno es un ser único e irrepetible.

Para el existencialismo la educación busca que el hombre sea él mismo, se realice y desarrolle su autonomía evitando ser masificado.

Personalismo. Considera al hombre como un ser que busca trascender, es libre y original, se desarrolla en la medida en que va construyendo su libertad. La educación aquí es la encargada de organizar los ambientes pertinentes para permitir el desarrollo de la persona en sus diversas manifestaciones.

Marxismo. Considera al hombre como un ser eminentemente social, que se relaciona con sus semejantes, especialmente por medio del trabajo y de acuerdo con estas relaciones puede crecer o alinearse. La educación ha de buscar la formación del hombre mediante el trabajo comunitario, no tanto mediante la relación maestro-estudiante, sino por la relación colectiva.

LOS FINES

Orozco dice (1984, 54)."Pensar en los fines de la educación es parte fundamental de una política y de una filosofía en materia educativa y ello no puede hacerse sin referencia a las estructuras globales de la sociedad que nos ha tocado vivir. Bien sabemos que la realidad de la escuela, las funciones que se le asignen y sus fines están en íntima relación con un determinado proyecto social y con un determinado estilo de desarrollo; ambos implican opciones ideológicas".

Los fines son aquellas metas buscadas que se dan a largo plazo, son los primeros en la intención y los que poco a poco se van ejecutando para consolidar lo que se quiere, esta es una tarea altamente exigente porque se trata de conjugar el tipo de hombre que se quiere formar con el tipo de educación que se desea realizar y el tipo de sociedad que se pretende construír.

Los fines indicados en el decreto 1419 de 1978 son una orientación que necesita ser repensada y actualizada por la comunidad educativa, para el desarrollo de su PEI; igualmente, son presentados en la Ley 115, artículo 5.

La permanente reflexión sobre la filosofía, las concepciones y los fines permiten "entender la escuela como parte de la realidad que es dinámica y la cultura como un hecho generador de cambios liberadores y no de estancamientos sumisos, alienantes y explotadores. La educación y toda acción que propenda por un cambio cualitativo de aquella, debe tener en cuenta la 'Misión' de la escuela y la necesidad de hacer investigación que contribuya a su transformación". (Alvarado, y Tetay, 1991, 20).

Ahora bien, por principios se entienden aquellos enunciados fundamentales alrededor de los cuales ha de girar el conjunto de la práctica de la organización educativa.

LAS CONCEPCIONES

Las concepciones son entendidas como la elaboración intelectual y la opción valorativa de toma de posición en relación con personas, hechos o cosas; indican la visión que se tiene de alguien o de algo.

De acuerdo con lo anterior, hay necesidad de concretar la concepción del hombre, de sociedad, de escuela, de maestro y de saber, entre otras.

Las preguntas y las construcciones sobre la naturaleza de la escuela y sus fronteras, el tipo de hombre que se intenta formar, la sociedad, la escuela, el maestro, el saber, la educación, la pedagogía y la gestión administrativa, son entre otras, el contexto que permite tanto la participación de la sociedad civil como el accionar del maestro en ella. Dependiendo de los caminos por los que optemos en relación con las visiones anteriores, que a veces son divergentes, complementarias o convergentes, se ha de fundamentar el referente teórico de cada institución educativa.

Nuestra participación activa y comprometida en la concreción del referente mencionado es vital para que materializando con la práctica lo que se opta teóricamente, se supere la afirmación que dice: "algo que se ha puesto de presente en el debate en torno a la constitución del 91 y la ley general de educación, así como los estudios de la misión de ciencia y tecnología y la misión de ciencia, educación y desarrollo, es que las prácticas educativas tanto al interior como al exterior de la escuela, en lo que se refiere a la formación en una cultura ciudadana, la relación con el conocimiento, la concepción de individuo y de su relación con la sociedad, son casi indistinguibles". (Segunda Asamblea Pedagógica Distrital, 1994, 3).

Establecimiento de objetivos

Es muy importante definir los objetivos desde el principio ya que si no hay claridad en lo que se quiere conseguir, a través del proyecto, es imposible que se pueda diseñar.

Los objetivos también son importantes porque se pueden utilizar como instrumentos de evaluación. Por medio de ellos, al finalizar el proyecto, se puede comparar lo que se realizó con lo que se proponía realizar, las diferencias sobre las dos premisas, constituyen las bases de la evaluación.

Los objetivos deben ser preferiblemente:

- Concretos: esto es, que se precise lo que se busca lograr.

- Realistas: que se puedan desarrollar de acuerdo con las condiciones y circunstancias existentes.

- Flexibles: que permitan ajustes de acuerdo con los cambios que se presenten.

La formación integral

Hablar de formación integral es, en ocasiones, algo abstracto y poco aplicable a situaciones concretas; es importante profundizar su fecundidad teórica y traducirla en acciones que respondan a las expectativas que se crean con este término.

Se presentan aquí algunos criterios al respecto, más como indicadores de lo que puede ser la formación integral, que con el criterio de agotar su contenido; se trata con esta breve presentación de sugerir que se trabaje el tema, se desarrolle y se busquen las estrategias pedagógicas para hacerlo real en la vida de nuestras comunidades educativas, esta formación es la que se pretende cuando se va a concretar el PEI.

Desde la Grecia clásica se buscó desarrollar en el hombre su cuerpo y su espíritu; de acuerdo con lo anterior, se consideró que la educación era la encargada de modelar en la persona su pleno desarrollo, de manera total e integral.

Una manera de entender la formación integral es mediante la afirmación de que ella es "el grado de capacidad y de sensibilidad humana para 'saber', para 'saber hacer', para 'saber por qué', para 'saber a través de qué', para 'saber hacia dónde' y para 'querer saber'. De acuerdo con esto, la formación integral expresa una cobertura que va desde la adquisición de una información, hasta su aplicación y valorización en función de sus proyecciones histórico-sociales". (Guedez, 1987, 202).

Las áreas de formación han de profundizar e incidir en el desarrollo de los procesos que son indispensables para una formación humana, dentro de un enfoque cultural pertinente para la comunidad educativa.

El cuadro No. 5 ilustra el tipo de relaciones entre las áreas de formación y los procesos necesarios para la formación integral.

Manual de convivencia

El artículo 17 del Decreto 1860, del 3 de agosto de 1994, presenta los elementos generales que ha de tener el manual de convivencia.

Se presentan unos criterios orientadores de los componentes básicos que pueden considerarse, cuando cada comunidad educativa elabore dicho manual.

El manual de convivencia puede ser entendido como el conjunto de orientaciones en donde se plasman los acuerdos mutuos de los estudiantes entre sí y de éstos con su institución educativa, para desarrollar diversas actividades personales y comunitarias y las relaciones generales de las personas que buscan vivir conjuntamente con otros.

Dichas relaciones tienen que ver, entre otros aspectos, con las formas de comunicación, las líneas de autoridad, los compromisos mutuos, los deberes y derechos de quienes interactúan en la comunidad educativa.

No puede limitarse el sentido del manual a un asunto de normas encargadas de vigilar y castigar los comportamientos, sino que su aporte ha de ubicarse en la construcción de una comunidad educativa más humana.

Se trata de educar en y para la convivencia, no solamente para la coexistencia; es decir educar para relacionarlos dia-lógicamente, esto es mediante el diálogo, para buscar el acuerdo entre lógicas a veces diferentes, con lenguajes contrapuestos, con intereses antagónicos e intenciones opuestas.

El enfoque que podemos adelantar en las instituciones educativas con relación a la democracia y la convivencia escolar, puede fundamentarse en concepciones acerca de lo que es y cómo se entiende y aplica el conocimiento, la autoridad, la autonomía y la democracia pero, de manera especial, encarando los cambios, interpretando, interlocutando y negociando con lo que sienten, expresan, hacen y desean ser los jóvenes de esta sociedad y de este tiempo.

La elaboración del manual ha de contar con la participación amplia de todas las personas que conforman la comunidad educativa y su estructuración, desarrollo y aplicación ha de responder a la construcción compartida y responsable de los integrantes de dicha comunidad.

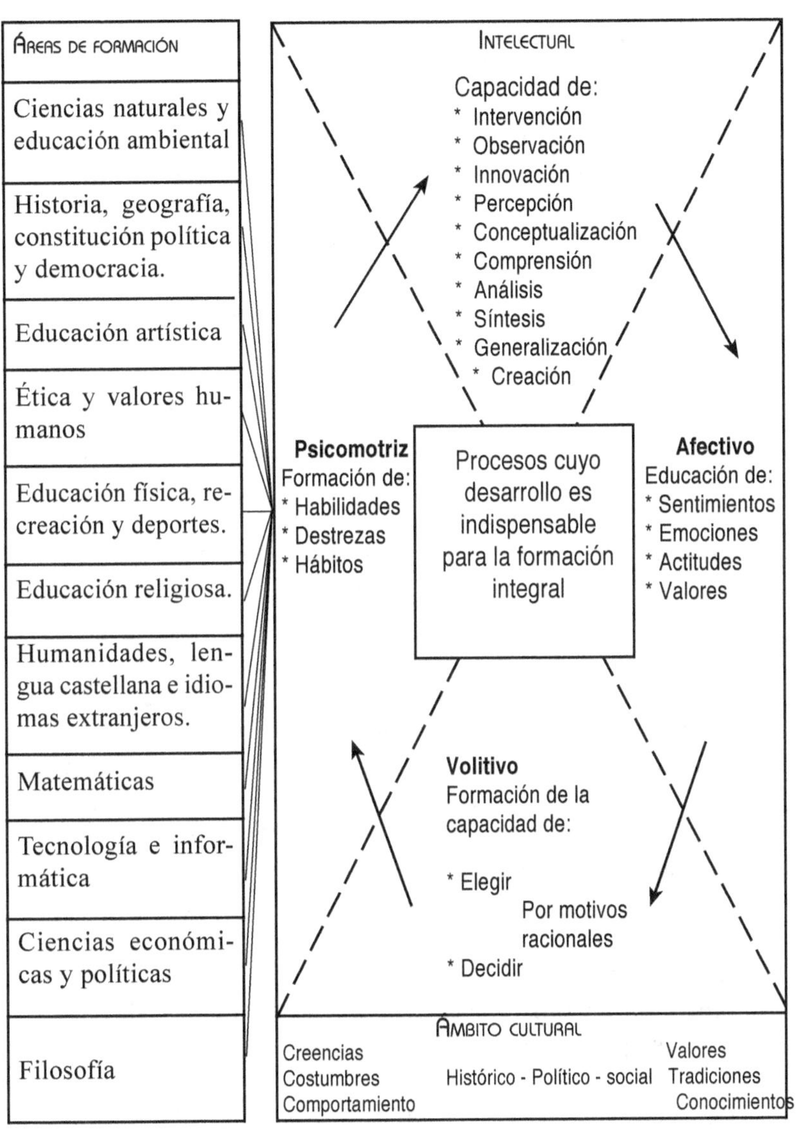

Cuadro No. 5

Visión General de la Formación Integral.

Introducción. Es un breve referente teórico que presenta la intención formativa de la institución.

Esta intención es el hilo conductor que permite una visión general de lo que aportan los objetivos, los fundamentos filosóficos, los principios y las orientaciones pedagógicas, entre otros aspectos, dentro de la misión de la institución educativa.

Debe ser concreta con referencia al proceso formativo que persigue, en cuanto a la primacía del interés general sobre el individual, a la importancia de la vida democrática, pluralista y participativa, el respeto de la dignidad humana, el trabajo y la solidaridad, como dice el primer artículo de la Constitución Política de Colombia de 1991.

Ha de tenerse en cuenta cómo se postula y se puede llevar a cabo la formación, el desarrollo y el fortalecimiento de mentalidades y destrezas para la convivencia social y la democracia.

Una presentación general. Ésta consta de los derechos y deberes de los miembros de la comunidad educativa, que permita entender la responsabilidad y el compromiso que se adquiere al actuar y la aplicación de la justicia e igualdad. Para el desarrollo de este punto hay que tener en cuenta la fundamentación legal que se presenta para, de esta manera, poder incidir en la auto-construcción de la persona humana, mediante la cual cada persona construye su libertad interior y exterior y es responsable de sus acciones.

El fundamento legal. Son las bases jurídicas que dan las directrices y ordenamientos educativos en Colombia. Los más importantes se pueden consultar en el anexo No. 5.

Los pasos a seguir: Se refiere a, qué hacer en algunas situaciones; por ejemplo, cómo pedir una excusa, un permiso y otros, y ante quién o cuál es el conducto regular para hacerlo.

Metodología

Este componente tiene que ver especialmente, con el procedimiento general mediante el cual se organizan los elementos de un proyecto investigativo.

La estrategia metodológica se encuentra y forma parte de todo el proceso investigativo, se manifiesta en la manera mediante la cual se escogen las personas con quienes se desarrolla el proyecto, el proceso de recolección, organización, clasificación y análisis de la información; teniendo en cuenta principalmente, la naturaleza del problema, los objetivos, la conceptualización y las funciones que tenga el conocimiento obtenido.

Es preciso tener en cuenta que el trabajo investigativo se basa y complementa con la iniciativa y creatividad del investigador, no existen recetas que garanticen, por sí solas, el proceso y resultado de una investigación.

Se presentan aquí unos pasos que se desarrollan a veces secuencialmente, paralelamente o que se complementan; pero que siempre se relacionan entre sí.

Recolección de información: población o universo, muestra e instrumentos

El Universo es la totalidad del fenómeno a estudiar. Para delimitar el estudio se toma un conjunto de unidades que participan de las mismas características generales, a fin de determinar la población.

El concepto población se refiere a la totalidad del fenómeno por estudiar, personas o elementos cuya situación se está investigando, es deseable que el PEI tenga en cuenta la población que comprende la comunidad educativa.

Cuando no es posible estudiar todas las unidades, se toman muestras representativas de la población, las cuales reflejan las características de la población.

Para determinar el tamaño de una muestra es preciso tener en cuenta las características de homogeneidad de la población; a mayor homogeneidad menor muestra y viceversa.

El instrumento es en general un recurso que permite al univestigador acercarse al fenómeno o hecho y obtener la información que necesita.

Algunos instrumentos de mayor uso son: la observación, el diario de campo, la entrevista, los relatos e historia de vida, la encuesta, el estudio piloto, estudio de caso, investigación acción, investigación participante, investigación etnográfica.

Por lo general, es la misma naturaleza del problema y los objetivos o las hipótesis quienes pueden insinuar al investigador los instrumentos o las técnicas más apropiadas para la recolección y análisis de información necesaria.

Organización y clasificación de la información

No es suficiente recoger adecuadamente los datos, es necesario ordenarlos y clasificarlos, esto permite luego su mejor análisis.

La clasificación es el procesamiento que se hace de la información, mediante el cual se compara, combina y presenta el dato que es útil para la investigación.

El procedimiento de clasificación ha de tener en cuenta los datos numéricos y los verbales.

Los primeros se procesan teniendo en cuenta los criterios y aportes de la estadística.

Con los datos numéricos se pueden elaborar cuadros estadísticos, gráficos ilustrados, promedios y otros similares que sinteticen sus valores.

Los informes verbales pueden agruparse como respuesta a una pregunta abierta, o seleccionar las más significativas, elaborar fichas que permiten agrupar el material de acuerdo con los temas tratados. Una vez clasificadas las fichas permiten ser cotejadas entre sí y analizadas.

El análisis de la información debe empezar con la recolección de datos, se trata de un proceso permanente entre observar y analizar, dicho análisis no es puntual exclusivamente para la etapa denominada de "análisis".

La razón es que este proceso desarrollado como se sugiere, permite evitar muchos vacíos en la recolección que se hace de la información y el avance para comprender la situación estudiada.

El análisis e interpretación se manejan siempre de acuerdo con el problema objeto de estudio, los objetivos, el referente conceptual y las hipótesis, si las hay.

Las clases generales de información son:

- Primaria: la que es recogida directamente por el investigador mediante su interacción con su objeto de estudio.

- Secundaria: la que es utilizada para una investigación, pero que inicialmente fue recogida para otras investigaciones, con otros propósitos.

La estructura, frecuentemente indicada para decir de dónde son tomadas las informaciones, está compuesta por tres partes principales:

— Los elementos o actores que proporcionan información, se denominan unidad de análisis. Está el elemento mínimo, de estudio, observable o medible, en relación con un conjunto de otros elementos que son de su mismo tipo, ejemplo: el estudiante, el profesor, el directivo, la familia.

— Las características o diferencias que pueden darse en una unidad de análisis, se conocen con el nombre de variables. En la unidad de análisis estudiante, pueden considerarse las variables: Sexo, edad, lugar de residencia, interés por estudiar, clase de educación y otras.

—   Las variaciones que pueden tener las unidades en las variables que se consideran, se denominan valores; educación primaria, secundaria, universitaria, de 4 a 10 años, 11 a 19 años, 20 a 28 años, 28 a 40 años y otras según la variable elegida.

ELABORACIÓN Y PRESENTACIÓN DEL INFORME DE INVESTIGACIÓN

Una investigación tiene su propio sentido, cuando sus logros y resultados son comunicados a sus más inmediatos beneficiarios para que se busque lograr la aplicación de lo que se presenta.

Se presentan a continuación algunos criterios, a modo de sugerencias, que permiten realizar un buen informe.

Suele recomendarse un lenguaje informativo, con el cual se busque principalmente transmitir, dar a conocer; su carácter es técnico en el sentido de buscar la precisión de lo que informa y el cómo informa, (no se trata de utilizar palabras rebuscadas), dicha información puede caracterizarse por ser expresiva y persuasiva para acercarse mejor a quien lee.

La tendencia dentro de la cual se ubique la investigación puede exigir algunas características específicas para su elaboración, presentación y estilo; pero todo informe ha de tener claridad en sus ideas y precisión en su expresión.

La presentación del informe suele hacerse por escrito y acompañada de representaciones tabulares y gráficas.

ESTRATEGIAS PEDAGÓGICAS

La implementación del proceso de formación implica diseñar estrategias pedagógicas que constituyan una nueva manera de plantear la labor didáctica; la función primordial queda asignada al estudiante y el proceso se configura como un aprender."Para englobar esas distintas técnicas se habla de formas didácticas de elaboración, como contrapuestas a las formas didácticas expositivas en las que el foco del proceso se sitúa en el enseñar". (Pujol, Fons, cap. 3, 1973).

Las características de estas formas didácticas de elaboración son resumidas por Pujol, así:

*   El proceso didáctico se centra en las actividades que profesor y estudiantes trabajan en un esfuerzo común.

*   La finalidad primordial es de tipo educativo o formativo, dejando en segundo plano la labor informativa o instructiva.

*   El saber adopta la estructura de un problema y, en cuanto éste, su adquisición depende de una elaboración previa por parte del estudiante (de aquí deriva la expresión formas didácticas de elaboración).

Otras dimensiones importantes en todas estas técnicas es su naturaleza asociativa; el intento es siempre un aprendizaje individualizado, llegar al estudiante concreto individual, pero se lleva a cabo dentro de un pequeño grupo y, en la mayoría de los casos, a través de la discusión.

La estrategia pedagógica viabiliza el logro de la finalidad del proyecto institucional.

En la institución educativa puede verse cuál es el nivel de participación para el que están siendo formados sus integrantes; allí se observan actitudes y comportamientos con respecto a normas de convivencia y maneras de transgredirlas, el sentido de justicia, formas de dirimir conflictos.

Desde la propuesta del proyecto, y mediante las estrategias pedagógicas desde las áreas, se puede avanzar en la construcción de:

*   Saberes

*   Conocimientos

*   Cultura

*   Valores

*   Democracia

No en forma aislada, sino como componentes del proceso de construcción que, para el caso, se denomina *proceso de formación, al cual han de enfocarse las estrategias pedagógicas.*
Dichas estrategias se pueden considerar como el conjunto de acciones y compromisos que adquieren quienes participan en el PEI.; para hacer efectivo su desarrollo han de estar ligadas con el diagnóstico realizado y con los objetivos buscados.
Se presentan los cuadros 12 y 13 que orientan cómo concretar estrategias pedagógicas, son propuestas; pero es cada grupo el que ha de concretar sus formatos o papelería. (Ver anexo 4)

Capítulo 2

Criterios administrativos y operativos

"Debemos tener presente que sin la elaboración de una conciencia auto-gestionaria, el paso de la autoridad a la libertad es imposible, porque la autogestión como la solidaridad no pueden imponerse"

Carlos Landed.

Componente administrativo

Dentro de la formulación de cualquier proyecto, además de definir "qué hacer" y "cómo hacerlo", se hace indispensable concebir lo referente al componente administrativo y a las responsabilidades de los involucrados en la realización del proyecto y, con ello, el cumplimiento de los objetivos que pretenden solucionar una problemática concreta.

"Si los aspectos científico-técnicos del proyecto de investigación se refieren a los elementos estructurales propios de la investigación científica contenidos en su definición, los aspectos de administracion y control del proyecto hacen referencia a la estrategia operativa del proyecto". (ICFES, 1990, módulo 5).

Aquí se consideran actividades, materiales o recursos financieros, recursos humanos, institución.

Las actividades y demás funciones se definen según el tipo de proyecto; es decir, que se parte de la concreción de la problemática y se estipula el presupuesto requerido. Se determina la duración de las actividades y se organizan en una secuencia y plan de trabajo. Por ejemplo, en un proyecto pedagógico, el diagnóstico es un prerequisito a la formulación de alternativas o a la ejecución de actividades. Para la programación de actividades se utilizarán cronogramas representados por diagramas de barras u otros métodos que incidan en la secuencia de actividades y el momento de realización.

ELABORACIÓN DEL PRESUPUESTO:

Es necesario presentar una justificación y establecer estrategias que nos permitan lograr la financiación del proyecto de investigación, a fin de lograr los objetivos propuestos y para los cuales se han planteado actividades. Para establecer el presupuesto se pueden seguir los siguientes pasos:

1.   Cálculo detallado de cada renglón de gastos.

2.   Distribución de los costos por entidades a las cuales deseamos presentar la solicitud de financiación.

3.   Los costos son de dos tipos:

    *   Imputables al proyecto, que corresponden al personal investigativo, elementos de consumo, material necesario, varios (servicios específicos prestados por la institución).

    *   Costos indirectos al proyecto, como pago de servicios administrativos, secretaría, teléfono, luz, etc., además de prestaciones sociales y estrategias que se pagan al investigador.

La experiencia y el interés de quienes pretenden iniciar la investigación y su forma de planear es el respaldo a la propuesta de investigación.

La comunicación

La comunicación entre la gente es un proceso muy complejo pues consiste en algo más que hacer simples comentarios y escucharlos. Todos nos comunicamos en más de un nivel al mismo tiempo.

Por ejemplo, en las palabras (habladas) hay un mensaje; en el tono de voz, los gestos y la postura física. Recibimos el mensaje de las palabras y también los sentimientos de calor humano o de hostilidad y agresión. Hay por lo menos seis mensajes diferentes cuando nos comunicamos en una conversación.

- Lo que usted entiende que dice.

- Lo que usted está actualmente diciendo.

- Lo que oye otra persona.

- Lo que otra persona dice.

- Lo que usted piensa que la otra persona dice.

- Lo que la otra persona piensa que dice.

Pensemos un momento en algunos factores que influyen en los mensajes que nos envían:

- Toda conducta, todo lo que uno hace es motivado por algo. Nada hacemos por accidente. Podemos no estar conscientes de nuestras motivaciones pero siempre están presentes. Por lo tanto, siempre que hacemos algo y aún sin hacer nada, nos estamos comunicando; puede que no sea lo que pensamos lo que estamos comunicando.

- Siempre hay más de una motivación para una simple comunicación o mensaje; esta es una razón por la cual lo que muy a menudo decimos no está tan claro como lo pensamos.

Estos factores indican por qué muchas veces no estamos conscientes de todo lo que comunicamos. Nuestra conducta en grupo comunica muchas cosas de las cuales no nos percatamos. Muchos pueden recibir mensajes de hostilidad, confusión, ansiedad, incertidumbre, timidez, o bien de calor humano y amistad.

Vamos a pensar ahora en los mensajes que recibimos: son igualmente complejos y están afectados por muchas motivaciones:

- Hacemos selecciones o usamos ayudas para oír, que utilizamos cuando nos conviene, de acuerdo con nuestras motivaciones.

- Usualmente oímos lo que queremos oir, evadimos inconscientemente la comunicación amenazante o crítica. Oímos de acuerdo con nuestros prejuicios, esperanzas o deseos e imagen de nosotros mismos. Es por ésto que se hace, muchas veces, difícil entendernos con la gente.

La comunicación es el medio que usamos para establecer una relación, para negociar e intercambiar ideas entre las personas,

80

para exponer nuestros sentimientso íntimos y proveer para cuando haya alguna interferencia a estos sentimientos.

La comunicación no es sólo verbal; ocurre también la comunicación sin palabras o la no verbal. Muchas veces la parte más importante y persuasiva de la comunicación es la no verbal; el acento, la forma de hablar, expresiones faciales, postura (kinesia). Una mirada furtiva al reloj durante una entrevista, golpear impacientemente con los dedos; estas señales pueden decir más sobre nuestros sentimientos que las palabras que usamos. Uno de los problemas de la comunicación es que a menudo comunicamos sentimientos y actitudes que no tuvimos intención de comunicar. Muchas veces algunos deslices de la lengua también son muy reveladores.

Existen muchos otros problemas en el proceso de la comunicación, como grupo de maestros en una institución y a nivel personal. Conviene ir escribiendo, registrando, haciendo una reflexión personal y profesional docente sobre la problemática, ésto nos permitirá desarrollar el Proyecto Institucional con mayor certidumbre, desde nuestra propia práctica pedagógica.

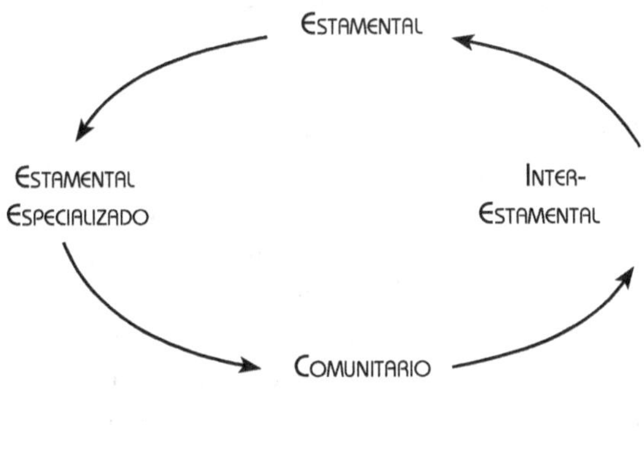

CUADRO No. 6
Niveles de participación

Si se hacen convenios o un trabajo interinstitucional, es conveniente conocer de las instituciones con quienes se pretende trabajar, una información general sobre su filosofía, funciones y lo que se espera del proyecto y cómo contribuirán a su desarrollo, haciendo factible así un acuerdo entre las instituciones interesadas.

La planeación como proceso permanente

La planeación de proyectos se refiere al proceso de diseñar e implementar acciones y actividades para lograr un resultado deseado. La habilidad para planear y organizar es parte esencial de proceso de autogestión para cada individuo, familia y comunidad.

En la planeación de cualquier proyecto hay que determinar cuál es la "situación presente" y cuál es la "situación deseada"; o sea, definir cuál es el problema y qué es lo que se quiere lograr. Mediante este proceso de comparar dónde se está ahora y hasta dónde se quiere ir se empezará a identificar un conjunto de necesidades.

Establecer lo que se necesita para lograr la meta es un asunto complicado dado que hay varias clases de necesidades, algunas de las cuales son menos tangibles que otras. Por ejemplo, si el problema es la falta de elementos deportivos en un colegio y la situación deseada es que cada grado tenga sus implementos deportivos, la necesidad más evidente es la de conseguir los materiales requeridos como: balones, mallas, canchas y otros. Pero además de estas necesidades físicas, hay toda una serie de necesidades sociales, intelectuales y emocionales implícitas en la implementación de un proyecto. La comunidad necesitará, por ejemplo, unas destrezas organizativas para el manejo y la administración del proyecto y los individuos necesitarán saber cómo instalar los equipos y cómo se usan. También los miembros de la comunidad necesitarán la confianza y la motivación para iniciar un proceso de cambio y para enfrentar los problemas que surgen.

Así que, al identificar las necesidades, es importante especificar las causas del problema y los distintos niveles de necesidades involucrados en su solución, en vez de enfocar la atención sólo en las necesidades físicas o financieras, dado que todas ellas están interrelacionadas y el éxito en satisfacer las necesidades físicas probablemente dependerá de la habilidad de satisfacer las necesidades sociales, intelectuales y emocionales al mismo tiempo.

Para que la planeación de un proyecto sea culturalmente apropiada, debe involucrar a las personas de la comunidad con quienes se está trabajando.

Si lo anterior no se cumple se corre el riesgo que el proyecto no concuerde con las necesidades sentidas y expresadas por la comunidad, perjudicando la autogestión y autoayuda.

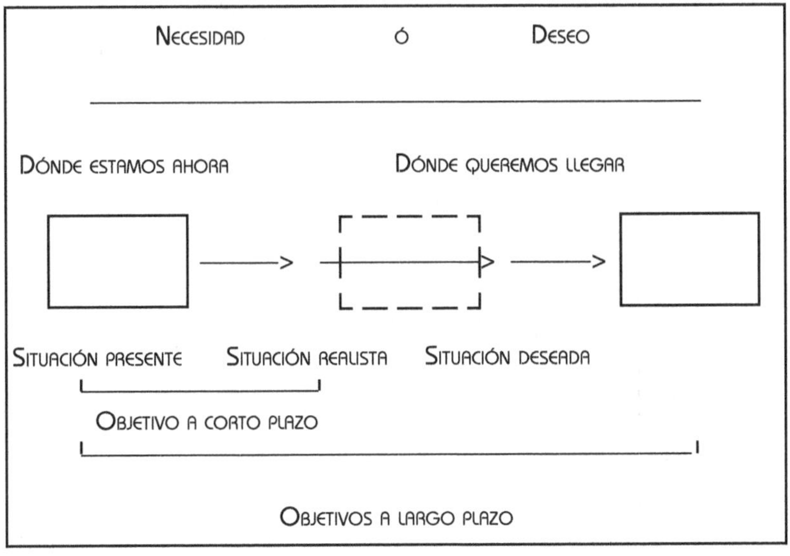

CUADRO No. 7
Esquema global del proceso de planeación.

Cuando el objetivo de la planeación busca fortalecer la comunidad, ayuda:

- Invitar a la gente de la comunidad para que exprese sus necesidades.

- Concretar qué se hace y con quién se hace, de acuerdo con las necesidades, recursos y habilidades existentes.

- Decidir con la comunidad qué se debe hacer, cómo y con quiénes; ésto determina a su vez quién lo debe hacer, dónde, por cuánto tiempo y de qué manera.

El cuadro siguiente, indica el proceso que se puede seguir para planear proyectos.

INSTITUCIÓN MISIÓN ÁREA DE TRABAJO	PROBLEMA SITUACIÓN DIAGNÓSTICO PRONÓSTICO	A--------B - Problemas Carencias Vacíos +Mejorar	LAS SOLUCIONES (Anhelos) ¿FORTALEZAS? ¿DEBILIDADES? ¿RECURSOS?	ALTERNATIVA Solución ÓPTIMA MÁS VIABLE
Formulación del proyecto Qué: Objetivos Cómo: Actividades. Tareas Cuándo: Cronograma Con qué: Presupuesto	Negociar proyecto Divulgarlo Financiarlo Buscar recursos	Despegue Preparación para ejecutar el proyecto ¿Legal? ¿Recurso humano? ¿Recursos financieros?	Implementación Operación	Evaluación

CUADRO No. 8

El proceso de planeación de proyectos

Banguero H. Quintero V.M. Los proyectos sociales I, FES de Liderazgo, Cali, 1991.

Cuando se acuerda realizar un proyecto es necesario prever tiempos y costos para su desarrollo y repercusión.

Para concretar lo anterior suele hacerse uso de los cronogramas; los más usados son: la gráfica de Gantt, la Teoría de las redes y el Camino Crítico denominado CPM *(Critical Path Method)*.

Entre los aspectos generales que hay que precisar se encuentran:

- Indicar cuáles y cuántas actividades se van a desarrollar.

- Asignar tiempo a cada actividad.

Estos aspectos se organizan en cuadros que han de tener los espacios suficientes para indicar las actividades del proyecto y los tiempos que se emplearán.

Por encontrarse abundante literatura al respecto en los textos de metodología de la investigación, solamente se presentan de manera ilustrativa los siguientes cronogramas:

Actividades	Mes:						
	Días:						
	1	2	3	4	5	6	7
A							
B							
C							
D							
E							
F							

Cuadro No. 9
Gráfica de Gantt
Cronograma No. 1

86

Diseñado por: Fecha:

	Calendario	Primer año		Segundo año		Tercer año	
Etapas y actividades		1° sem	2° sem	1° sem	2° sem	1° sem	2° sem

Cuadro No. 10
Gráfica de Gantt
Cronograma No. 2

El liderazgo del docente directivo en el proyecto educativo institucional

Gestión educativa

Presento algunos criterios que permiten construír una visión del perfil del docente-directivo, que vaya más allá de las exigencias tradicionales que suelen esperarse de aquellas personas que han de liderar instituciones educativas en su gestión.

El rol que se espera de este tipo de personas va más allá de una interpretación mecánica; esto es, que no debe creerse que, por el hecho de regentar su cargo, ya tiene las connotaciones que se le atribuyen al docente directivo; son aspectos que él ha de manifestar y cultivar por ser líder de la institución.

No sobra decir que ha de existir coherencia entre lo que debe ser un docente-directivo y el concepto que se tenga de educación.

Así, por ejemplo, si se concibe la educación como el proceso, la acción o la institución que está aislada de la sociedad, lo que se espera de la persona que facilita el trabajo educativo está ligado a dicha concepción educativa.

Si, por el contrario, se considera la educación como parte de un hecho social, histórico, cultural e ideológico, el rol del docente-directivo ha de responder a dicha concepción, en donde el para qué y el por qué de su función de la enseñanza han de tener una realización concreta, pues se debe responder a una manera de pensar, de sentir y de hacer operativa la educación.

Dentro del contexto anterior, el papel del docente directivo ha de ser cultural-profesional proyectándose más allá de la enumeración de todas las calidades que son reconocidas como deseables para legitimar su quehacer y respondiendo a las necesidades sociales e históricas de la comunidad con la que trabaja.

La expresión perfil cultural-profesional se refiere a la fusión de los aspectos que ha de reunir la persona que se hace merecedora a una credencial académica con los que espera de ella quien la nombra, contrata o reconoce para el desarrollo de su gestión específica.

Es de la competencia del docente directivo liderar los procesos tanto administrativos como pedagógicos de su institución, de tal manera que mediante una real participación de los diversos estamentos de la comunidad y, según sus condiciones, se responda a las necesidades reales de las instituciones educativas.

El liderazgo es una capacidad que se va adquiriendo y desarrollando mediante la relación interpersonal.

Cuando se habla de las características que debe tener un líder y se hace un listado de las mismas hay que tener presente que "la teoría de los rasgos del líder es un anacronismo administrativo. Hace más de cuarenta años, el profesor Ralph Stodgill, de los EEUU, realizó un exhaustivo inventario de cerca de trescientos estudios empíricos (repetido por él a mediados de la década del setenta y confirmado por estudios de otros investigadores) concluyendo que:

*   No hay evidencia de un rasgo único para identificar a alguien como líder, y

*   No existe una constelación de atributos de personalidad o rasgos que identifiquen a un líder para cualquiera situación.

Conviene reflexionar brevemente sobre por qué el estudio de los rasgos es incapaz de predecir un liderazgo eficaz. Inicialmente, casi todas las personas son líderes en algunas oportunidades y seguidores durante la mayor parte del tiempo". (BID-SECAB-CINDA. 1990, 146).

Mediante el liderazgo se ejerce influencia sobre una persona o un grupo, para poder desarrollar lo que se busca en una situación específica. La influencia es una transacción que se lleva a cabo de manera intencional, buscando modificar el comportamiento de las personas y su colaboración.

El poder que permite ejercer el liderazgo no nace necesariamente de autoridad obtenida legalmente, esta puede ser aprovechada para la práctica del liderazgo.

El hecho de tener autoridad legalmente obtenida permite ejercer el liderazgo, pues ella es elemento facilitador para tener influencia.

El contexto mencionado es la oportunidad que tiene el docente directivo para incidir en la ejecución exitosa del PEI, con la colaboración de todos los miembros de la comunidad educativa.

La relación del docente-directivo con sus profesores ha de desarrollarse en un ambiente de armonía y de trabajo conjunto, en donde se faciliten las ayudas pedagógicas y administrativas que permitan superar las dificultades presentadas.

La autonomía de las personas con los compromisos acordados en grupo ha de estar ligada con la responsabilidad frente a las actividades y la preservación de la creatividad de los integrantes del grupo.

Se pueden ampliar y profundizar las ideas acerca del liderazgo consultando algunas teorías modernas al respecto como las de McGregor, Liker, Blake y Mouton, Hersey y Reddin, entre otras.

La forma como se está considerando el liderazgo en la administración actual ha sido beneficiosa para el desarrollo de los PEI.

La analogía con el rol del director en una orquesta es un contexto apropiado para entender el liderazgo.

"Dentro de la orquesta existen algunos maestros más destacados que otros, pero todos son extraordinarios músicos como definición forzosa para la formación de una buena filarmónica o sinfónica. Los mejores de los mejores en cada tipo de instrumento, sirven de guía a los demás compañeros para los ensayos y correcta interpretación de la melodía, sin que dicho liderazgo en ese equipo se transforme en jefatura o gerencia al estilo empresarial sino, más bien, en ejemplo práctico que permite agilizar a los demás la interpretación correcta de la melodía". (Valderrama, 1994, 129).

El liderazgo se caracteriza hoy por su cercanía con las personas con quienes se trabaja, por buscar la colaboración del grupo más que la superioridad de quien dirige, por reconocer y valorar el trabajo de cada persona y por compartir conjuntamente los logros y las limitaciones de lo que se ejecuta.

Hay que construír con los compañeros de trabajo la confianza de la autorrelación para que el ejercicio de la autonomía lleve a las personas a obrar responsable y creativamente.

"La coordinación con el resto de equipos y con la totalidad de la orquesta debe efectuarse con base en el director, pero cada quien deberá leer qué melodía se va a interpretar, tener pentagrama para hacerlo y tocar la pieza elegida en forma magistral, prácticamente sin que haya intervención del Director, puesto que debe haber aprendido y practicado cada paso, saber en qué momento arrancar, parar, subir el volumen, cuando bajarlo, cuando ir más rápido, cuando ir más lento, como manejarse integrado respecto al resto de instrumentos de la orquesta". (Valderrama. 1994, 130).

La voluntad de trabajo que cada persona asuma, la responsabilidad y las manifestaciones de superación en lo que realiza, así como el grado de compromiso, son bases para el éxito.

El rol del docente directivo ha de estar inmerso en un ambiente cultural amplio que propicie nuevos desarrollos en el ámbito de lo educativo, dinamice la participación de los docentes y de la comunidad educativa en actividades que vayan más allá de la estricta cátedra, promocione los valores culturales propios de la acción pedagógica y que, de acuerdo con los objetivos y filosofía del Proyecto Educativo Institucional, vaya construyendo y acrecentando la identidad institucional.

Es importante desarrollar procesos de cualificación para los docentes como parte integral del sistema organizativo de la institución y como elemento de las políticas de desarrollo de la misma para que se constituyan en la dinámica que orienta el conjunto de necesidades, fines y planes que buscan el mejoramiento institucional y, por consiguiente, de los miembros que la conforman.

Es labor prioritaria del docente directivo brindar las condiciones institucionales para facilitar, promover y cualificar la construcción de campos de realización en los cuales se conjugue lo individual con lo institucional y social.

Son necesarios espacios para desarrollar procesos comunitarios de reflexión, análisis y construcción pedagógica en los aspectos culturales y tecnológicos.

En general se ha de buscar:

*   Propiciar un sentido de pertenencia institucional que oriente y de sentido a las acciones académicas, tanto a nivel comunitario como individual.

*   Impulsar la generación de desarrollos concretos a nivel de las áreas y disciplinas que constituyen el plan de estudios.

*   Responder a los compromisos que han de existir entre la institución educativa y las organizaciones no gubernamentales y gubernamentales con las cuales puede trabajar mancomunadamente.

Algunas estrategias que permiten la proyección mencionada son:

*   Talleres permanentes sobre aspectos acordados con el colectivo de profesores y estudiantes.

*   Grupos de trabajo y/o investigación sobre aspectos puntuales del PEI.

*   Seminarios específicos de profundización.

*   Consecución de asesorías de acuerdo con las necesidades sentidas e intercambios institucionales sobre experiencias pedagógicas.

El conflicto es "el comportamiento de un individuo, grupo u organización que impide o restringe a otro individuo, grupo u organización, el logro de un determinado objetivo". (Thamhaim y Wilemond, 1987, 149).

La existencia de conflictos en el desarrollo de los PEI es una consecuencia natural del proceso de su elaboración y no únicamente de la administración del proyecto.

Se trata de saber coordinar los talentos de quienes participan en el proyecto y hacer del conflicto una oportunidad que, con visos de crisis, busque creativamente la respuesta adecuada.

La participación comprometida de quien lidera el proyecto facilita la posibilidad de despejar los conflictos, ajustando su estilo a las necesidades y circunstancias cambiantes, porque sobre quien lidera suele recaer la exacerbación del conflicto.

La actuación autoritaria no es la más aconsejable para la solución del conflicto por el tipo de secuelas que puede generar.

Entre los aspectos básicos que se han de considerar para buscar salidas creativas a los conflictos se encuentran las habilidades interpersonales, o sea saber dirigir personas, las actitudes y los conocimientos.

En el proceso del proyecto se presentan conflictos, de acuerdo con las diversas fases que se siguen; así por ejemplo, en su concepción, los conflictos versan sobre procedimientos a seguir, sobre prioridades de actividades.

Los conflictos pueden servir para que surjan nuevas informaciones, contribuyendo de esta manera a mejorar el proceso de decisión.

Cuando los conflictos son de tal magnitud que llegan a dividir al grupo en sub-grupos atomizados e impermeables que cada vez distancian más a las personas o que paralizan la toma de decisiones, han de evitarse cuanto antes y buscar que las causas que les dieron origen sean superadas.

Es de gran ayuda conocer las diversas fases (etapas) del proyecto y las posibles fuentes de conflicto para dar una orientación que beneficie los autores y los procesos.

Para hacer un buen trabajo en la vida cooperativa y democrática es necesario regular de manera eficaz las relaciones interpersonales.

Hay que considerar que"aunque en un grupo llegase a reinar la cordialidad y el espíritu de cooperación y hubiera vencido las barreras sicológicas, aún se plantearían problemas de gran magnitud, y para resolverlos sería necesario un pensamiento colectivo eficaz. Para que éste sea satisfactorio no basta con crear un ambiente de cordialidad y comprensión. Se requiere, además, experiencia y adiestramiento para la reflexión en grupo". (Haiman, 1965, 189).

Es labor del docente directivo, en este dominio, la iniciativa para hacer que el trabajo conjunto sea sistemático; se ha considerado el método científico de discusión como una manera de buscar la construcción lógica y organizada del pensamiento conjunto.

Todo grupo que busca resolver de manera conjunta los problemas que se le presentan, tiene que considerar y sortear la forma mediante la cual es más viable hacer que su pensamiento, que se sustenta en diversas opiniones y hechos, avance organizadamente hacia la solución más pertinente.

El docente directivo necesita estar preparado o prepararse para buscar la manera de orientar los esfuerzos de su grupo de docentes y aportar para que el pensamiento que se construye conjuntamente sea claro y ordenado.

Existe alguna literatura acerca de la solución de problemas que es importante analizar por los aportes que nos puede brindar, porque ninguna norma es de carácter totalmente absoluto y lo que dicen los expertos al respecto es una guía, mas no *la* guía, tanto en cuanto al orden a seguir como en la indicación a ser seguida.

De todas maneras, el liderazgo del docente directivo ha de ser ganado, ha de considerar lo que constituye un buen patrón de pensamiento antes de estudiar lo que es el grupo y sus problemas.

Hay que tener una metodología previa para el trabajo con el grupo, lo cual no quiere decir que ya se haya previsto lo que debe o no decidir el grupo; se trata de un pensamiento cooperativo en el cual se busca pensar juntos para encontrar una solución.

Antes de dedicarse a estudiar el problema, es importante acordar cómo va a trabajar el grupo operativamente, luego estar de acuerdo en liberar los debates de la posesión personal de las ideas para buscar que sean abordados inductivamente, superando la creencia de personas que dicen que un pensamiento libre de prejuicios no es posible en una situación de grupo.

El docente directivo ha de saber por dónde empezar y cuál es el camino adecuado para desarrollar un pensamiento reflexivo que cristalice lo fundamental de los aportes, en la búsqueda adecuada de la mejor alternativa para actuar.

Una de las funciones del docentedirectivo, como líder en la dirección, es ser guía de su grupo a través de los problemas que se van presentando, para orientarlo de manera sistemática; tener en cuenta los siguientes aspectos, es de gran ayuda:

*	Delimitar el problema.

*	Clarificar los conceptos empleados.

*	Precisar los objetivos que el grupo busca.

*	Hacer análisis de la situación problema.

*	Examinar los objetivos buscados.

*	Aportar las posibles soluciones.

*	Evaluar las soluciones para optar por la más adecuada.

La gestión de un proyecto y la creatividad

Se insertan algunos apartes de esta lectura tomada del texto: *Administración de programas y proyectos de investigación* (BID -SECAB - CINDA, 1990) por la importancia que tiene el desarrollo y aplicación de la creatividad en nuestra labor pedagógica y educativa.

Según Cadena, Waissbluth y Solleiro (1989, 19):"La gestión de un Proyecto se refiere a todo el proceso que va desde la detección de necesidades y oportunidades hasta que el Proyecto se inicia formalmente una vez aprobada la asignación de recursos".

Como en toda gestación, los autores sostienen que hay una fertilización inicial, producida en el engranaje de oportunidades técnicas y la detección de necesidades. Tres influencias consideran los autores como decisivas para la gestación de un Proyecto:

a. El de la creatividad de los formuladores,

b. la existencia de un ambiente y de recursos organizacionales adecuados para los fines perseguidos, y

c. el acceso a la información a través de medios efectivos de comunicación interna y externa.

La generación de buenos proyectos guarda relación con virtudes creativas. La "revolución de la inteligencia" no es otra cosa que un cambio hacia la creatividad. La imaginación debe cultivarse por parejo en los laboratorios y en la industrialización de oportunidades en mercados globales. La industrialización se convierte en sí misma en un acicate a la creatividad y a la estructuración de proyectos de buena calidad. Por contraste, en América Latina el tipo de industrialización induce a que piensen los otros, en soluciones hechas afuera, en una "modernización de escaparate", como la llama Fansilver (1984). El tipo de industrialización trunca seguida por

Latinoamérica no ha favorecido la creatividad en las soluciones. Una industrialización que libere energías humanas debe basarse en un tipo de modernización que busque contar con los avances mundiales de la ciencia y la tecnología para "incorporarlos creadoramente en el acervo nacional con vistas a lograr una asimilación real y el posterior enriquecimiento". La dimensión tecnológica es parte de las futuras ventajas comparativas de la Región. No se puede sacrificar la investigación, la reflexión, la capacitación y la búsqueda de soluciones a los problemas propios, tal vez porque en el corto plazo su rentabilidad es menor que la que proporciona la importación de aquellos bienes de modo más "eficiente". Esto desalentará el conjunto de actividades que sustentan la creatividad. Los países más exitosos han tenido el cuidado de favorecer un aprendizaje sólido, paulatino de ventajas comparativas estáticas. Este es el telón de fondo para formular proyectos, identificar los problemas propios, buscar soluciones creativas, usar la capacidad humana local, desbloquear los talentos, intentar una cultura que confíe en las virtudes creativas, responder al medio con sus pecualiaridades físicas y sociales.

Los investigadores generalmente están de acuerdo en que hay cinco etapas en el proceso creativo: identificación del problema, preparación, incubación, iluminación y verificación.

En la etapa de identificación del problema, el científico o ingeniero siente que existe un problema en el que vale la pena concentrarse. La preparación se hace a partir de la observación y de la recolección de información. La persona creativa aprende acerca del problema que tiene a mano, construye un cuerpo de hechos e ideas. La información capacita al individuo creativo para combinar ideas y para generar nuevas ideas. Es sujeto de un impulso sostenido hacia la búsqueda de la solución. Durante la fase de incubación las ideas empiezan a formularse en un estado todavía no muy consciente. Se aceptan nuevas combinaciones de ideas, que son rechazadas por los no creativos. La iluminación es el momento de "¡ah!", "lo conseguí", del "eureka". La nueva idea es integradora, se ilumina en la mente del individuo en un momento inesperado, en situaciones a veces muy diferentes del laboratorio. El producto de esta etapa es una solución tentativa que puede ser el primer paso hacia una mejor solución. Durante la verificación, que es la última etapa, el científico creativo intenta demostrar que la solución creativa es meritoria. Es vital en este punto la habilidad de comunicar, pues se corre el riesgo de que por falta de transmisión de la idea ésta no vea la luz.

Los individuos creativos se caracterizan en la literatura por ser más autónomos, más dinámicos, más integradores que sus colegas; son menos autoritarios; trabajan lenta y cuidadosamente mientras analizan el problema y consiguen datos, pero una vez que hacen la síntesis trabajan rápidamente. El sentido del humor es una nota dominante en los creativos. Las expectativas en el trabajo, de científicos e ingenieros creativos, son en orden decreciente: reconocimiento y aprecio por sus contribuciones; libertad para trabajar en las áreas de su mayor interés; libertad y disfrute de contactos estimulantes con otros colegas; ánimo para asumir riesgos.

Quedaría incompleta esta sección si no proporcionáramos algunas claves de la experiencia internacional en uso sobre como generar buenas ideas. La tarea de concebir buenos proyectos parte de ideas creativas. La investigación y el desarrollo, organizados normalmente en proyectos es un ir de lo conocido a lo desconocido. La vida del proyecto es una incitación permanente a ejercer la creatividad para acceder a nuevas síntesis. Por esto, a nuestro juicio, siempre será poca la insistencia en el componente subjetivo, en la estimulación de las fuerzas del grupo, en la combinación de energías creadoras. El "management" más actual supone aprovechar más el cerebro, la inteligencia, como arma competitiva. Hay manuales de software por doquier para manejar las computadores, pero en nuestro medio - para usar la expresión del exministro de la inteligencia de Venezuela, L. A. Machado - no hay manuales para guiarla y obtener sus frutos.

La estimulación creativa es posible solamente si los miembros del grupo se comunican e intercambian su conocimiento. Esto supone un "estilo de comunicación" fluido. Para ello las técnicas de creatividad indican que el número óptimo del grupo sujeto a métodos de generación de ideas es de cinco a siete personas. Cuando el grupo es más grande, los miembros individuales ven asfixiadas sus capacidades; con pocos participantes la estimulación resulta muy pobre y los insumos de información insuficientes.

Los métodos de generación de ideas se basan en un trabajo de equipo. Son útiles si se usan de una manera regular. Han llegado a ser instrumentos probados: las ideas producidas son aproximaciones novedosas a un determinado problema.

No todo problema puede ser abordado con los métodos de generación de ideas. Depende en buena medida de su estructuración (un problema bien estructurado puede ser resuelto fácilmente por medio de una aproximación convencional) y de su tipo (por ejemplo: análisis, búsqueda, configuración, selección, secuencia).

Se presenta uno de los métodos, para desarrollar la creatividad, conocido con el nombre de "tempestad de ideas". Debemos distinguir muchas reuniones que creen basarse en la "tempestad de ideas" y no lo son, pues se trata de discusiones más o menos tradicionales. "La tempestad de ideas" genuina se basa en cuatro principios fundamentales:

*   Ausencia de críticas negativas: se prohiben expresiones como "imposible", "ya lo ensayamos", "esto es muy caro". El análisis de valores se lleva a cabo después de la sesión.

*   Fertilización cruzada: todas las ideas deben ser consideradas por los participantes; las ideas de los demás deben verse como un insumo.

*   Rueda libre: los participatnes deben deshinibirse y mencionar todas las ideas que vienen a su mente, por utópicas y fantásticas que puedan parecer.

*   Cantidad: mientras más ideas se produzcan, mayor será la probabilidad de que surja una idea realmente buena. En cierta forma la cantidad aumenta la calidad.

La "tempestad de ideas" quiere participantes entrenados, para evitar frustraciones, como sucede frecuentemente con participantes novatos que sufren cuando son expuestos en el grupo a ideas que perciben contradictorias, incluso irreales.

El papel de moderador de las sesiones no es fácil. Debe asegurarse que no prospere el criticismo y que los participantes se escuchen entre sí. Su tarea es inducir una atmósfera libre y lo más abierta posible que estimule el libre juego de las ideas.

Capítulo 3

Criterios evaluativos y de sitematización

*"La evaluación es un acto educativo.
La calificación es algo equívoco"*

Ce. Perucci

Sentido de la evaluación

Se toma la evaluación como "un proceso inherente a los diversos aspectos de la vida escolar, proceso a través del cual se aprecia, estima y juzga el valor de algo o alguien, con el fin de detectar en un momento dado el estado de desarrollo de un proceso educativo de acuerdo con las metas propuestas". (Carrillo, 1987, 79).

En esta perspectiva, la evaluación es un acto de conocimiento que ocupa un amplio espacio de nuestra práctica cotidiana. Es una visión crítica permanente y una continua búsqueda de sentido que implica una valoración, toma de posición y opción por ideales antropológicos, sociológicos y psicológicos.

La evaluación implica una manera bastante especial de observar, de organizar la información que se obtiene, de emitir juicios de valor y de tomar decisiones. Su especialidad estriba en reconocer y asumir que el proceso indicado tiene como base los valores que existen dentro de una cultura, que tiene relación con la regulación social de nuestros saberes y deseos y con niveles de institucionalización. Al evaluar se debe aprender de la experiencia, se da la oportunidad para corregir las equivocaciones, con estas bases se posibilita hacer la reorientación necesaria del desarrollo del proyecto.

La manera como se entienda y practique la evaluación puede llegar a constituirse en un proceso que, entendido como pregunta, reflexión, ayuda en la construcción de la persona humana y de la sociedad.

"La evaluación es un elemento muy importante en la vida escolar; la disyuntiva y el reto que tenemos frente a nosotros es lograr convertirla en medio de transformación progresiva y sistemática, de construcción de lo humano en la institución". (Stuflebeam, 1983, 87).

Alrededor de la evaluación educativa se conjugan interrogantes que afectan a la sociedad globalmente, puesto que se refiere a cuestiones tales como la finalidad de los sistemas de educación en su conjunto, el resultado de las políticas y de las reformas educativas y el papel de la educación en las estrategias para el cambio o el desarrollo social.

Pautas para evaluar el proceso del proyecto

La evaluación propuesta hace énfasis en los procesos de carácter cualitativo, sin perjuicio del aspecto cuantitativo.

"Los procesos que componen ésta evaluación son dinámicos y potenciadores tanto de procesos de aprendizaje como de desarrollos cognoscitivos, cualidades afectivas, éticas y estéticas que contribuyan a la formación integral".

Dentro de esta perspectiva se ubica la evaluación como un proceso que permite demostrar cómo el desarrollo y proyección del proyecto se da en la propia práctica social del grupo, se vislumbran nuevas problemáticas, expectativas teóricas y prácticas que llevan a pensar en ajustes, a medida que se avanza. Se aprecian los desafíos de la realidad, las posibilidades de enriquecer y concientizar la organización institucional, las necesidades metodológicas, las carencias conceptuales y otros aspectos que se pueden fortalecer.

La evaluación ha de ser un proceso participativo y autoevaluativo en el que intervengan activamente todas las personas que han tomado parte en él.

Como es sabido, la evaluación participativa consiste en un proceso dinámico de retroalimentación permanente que permite la interacción y facilita la creatividad.

Dentro de este proceso se modifican actitudes y actuaciones a través de las siguientes etapas:

*   Valoración de la información sobre logros y deficiencias identificadas.

*   Formulación de estrategias y acciones a implementar.

*   Verificación de nuevos resultados obtenidos en los procesos de cambios realizados.

La consistencia del proceso de evaluación participativa supone, entonces:

*   Reflexión sobre la propia experiencia puesta en común, análisis crítico y toma de decisiones.

*   Aunque las dificultades pueden generar crisis, ésta se puede considerar como: oportunidad para mejorar.

Para evaluar el P. E. I. es necesario considerar los componentes básicos mediante los cuales éste se desarrolla como son: el investigativo, principalmente desde el punto de vista pedagógico, curricular y evaluativo; el administrativo y el socio-cultural y político.

Es en la evaluación, en donde con más claridad podemos encontrar y descubrir los supuestos y principios de una filosofía de la educación inserta en el P.E.I. y en síntesis, de una filosofía de la vida, porque aquí se conjugan interrogantes que responden a la finalidad y papel de la educación, a la razón de ser del hombre t al aporte de cada institución escolar a la sociedad.

Algunos indicadores que se pueden tener en cuenta para la evaluación del P.E.I. son:

•   Los aportes para la formación ciudadana y el ambiente social y político que ha generado como elemento formador de ciudadanos.

•   El compromiso de los integrantes de la comunidad educativa en las decisiones y gestiones pertinentes al desarrollo del P. E. I. en procesos de: desempeño, compromiso y actitud.

•   El desarrollo de niveles de investigación.

•   El desarrollo de la iniciativa y creatividad tanto de docentes como de estudiantes.

•   La permanente interacción entre los procesos y los autores.

El permanente conocimiento de los procesos de desarrollo de las actividades por parte de los autores de dichos procesos y de los demás miembros de la comunidad es un insumo básico tanto para orientar lo que se está llevando a cabo como para tener una visión por parte de todos, que sea completa, del estado de lo que se desarrolla.

Algunos aspectos para ser tenidos en cuenta en la relación que ha de existir entre los procesos y sus autores son:

* El contacto y la formación permanente de quienes acometen el desarrollo de diversas actividades y los demás miembros de la comunidad educativa.

* Elaboración de documentos en los cuales se da cuenta de los resultados del proceso, con la invitación para que sean hechos los aportes necesarios para su cualificación.

* La presentación, para una crítica constructiva, de propuestas sobre las acciones que se piensan emprender o se están ejecutando.

* El desarrollo de intercambios con grupos que estén acometiendo procesos similares.

Teniendo en cuenta como base el conocimiento de los objetivos generales de lo que se va a hacer y el compromiso de todos los miembros de la comunidad con estos objetivos, para el desarrollo de cada una de las actividades ayuda, de manera especial, que el equipo se distribuya las tareas entre grupos de personas responsables de las mismas.

En esta dinámica entre autores y procesos, el docente directivo ha de motivar a todas las personas para alcanzar los objetivos comunes, aportando orientación de carácter general y específico acerca de lo que hay que hacer, facilitando los medios adecuados para las diversas realizaciones.

El docente directivo ha de llevar a cabo la planeación y coordinación de las diversas actividades y recursos necesarios para la ejecución y puesta en práctica del proyecto educativo institucional.

Es la persona que ha de integrar, motivar, facilitar y buscar el permanente desarrollo de las diversas actividades y el crecimiento personal e institucional de los miembros de la comunidad educativa.

Se facilita la relación entre los procesos y sus autores cuando quien lidera los proyectos es:

*   Visionario, integrador, facilitador, comunicador y capacitador.

*   Hábil para lograr el desarrollo profesional y personal de los miembros del proyecto.

*   Sensible a la competencia y necesidades de los demás miembros del proyecto, con sentido de oportunidad y orientación hacia el cambio y su manejo.

*   Tiene iniciativa.

*   Está interesado en un amplio rango de disciplinas y cómo se relacionan éstas.

*   Desarrolla la autoestima y el autocontrol.

*   Desarrolla capacidad técnica interpersonal y de negociación reconocidas. (Machado y Velásquez, 1990, 117).

La sistematización

Se entiende como un proceso de reconstrucción teórica que busca generar nuevos conceptos, conocimientos y teoría sobre la experiencia pedagógica, para fundamentar y reorientar la acción y así cualificarla.

Es una mirada crítica y aportadora sobre las experiencias y los procesos de las mismas con la cual se busca, mediante la detección de constantes, ordenar e interpretar las experiencias y su desarrollo dentro de la totalidad de lo que se ha hecho.

Va más allá de recoger datos, pretende desarrollar teoría sobre lo realizado y permite el análisis de las acciones.

Para que sea operativa es de gran ayuda conocer su proceso y tener en cuenta los principios que orientan su ejecución.

*   Mostrar los hechos y procesos más significativos de lo realizado.

*   Explicar dichos hechos, de acuerdo con las necesidades que motivaron la ejecución de los mismos.

*   Orientar la manera como se va a seguir trabajando para llenar los vacíos que aún no han cubierto las acciones ejecutadas.

Los aspectos antes mencionados se pueden desarrollar teniendo en cuenta las actividades siguientes:

•   Precisar cuáles han sido las necesidades y/o interrogantes a los cuales se responde mediante la sistematización.

•   Indicar cuáles pueden ser o son los logros esperados con las acciones.

- Presentar la información relevante que permita dar respuestas a las necesidades o interrogantes planteados.

- Ejecutar un análisis sobre las prácticas realizadas, con la participación de quienes han intervenido en ellas, para retroalimentar lo hecho.

- Buscar la manera de llevar a la práctica las acciones que se han considerado necesarias para cualificar lo ejecutado.

Principios. Los siguientes principios caracterizan una sistematización, como elementos que han de estar vigentes en la aplicación de la misma.

Significación. Ha de ejecutarse todo aquello que responda a necesidades e intereses de quienes se encuentran en el proceso de la realización de un proyecto.

Articulación. Cada acción desarrollada ha de estar ligada con el todo de lo que se hace.

Historicidad. Se ha de tener en cuenta lo que existía, en lo que se está ahora y lo que se pretende.

Pluralismo. Hay que contar con las diversas visiones para hacer la lectura de lo que se está llevando a cabo.

La sistematización sirve para:

- Producir conocimiento, desde y sobre el Proyecto Institucional; para aclarar ¿qué se ha hecho?, ¿por qué?, ¿por qué trascendió? (análisis de la experiencia: su viabilidad, logros, dificultades, factores que han interferido, posibilidades).

- Teorizar: entender la perspectiva, dimensión y límites del Proyecto Institucional. Hacer una reflexión permanente y transformadora. Aportar al conocimiento del saber pedagógico desde nuestras prácticas educativas.

- Perfeccionar la práctica: mirar históricamente y con distancia nuestros trabajos; no partir de cero; rescatar logros y dificultades; fundamentar y perfeccionar los planes estratégicos y propuestas de cambio; trascender el activismo. Reafirmar el compromiso de mejorar nuestras prácticas educativas y el contexto en el que las desarrollamos.

Tener una visión general de lo que se ha hecho, es una forma de abordar la experiencia con un saber que es singular y se concreta a lo ejecutado.

Este saber nos permite responder las preguntas que motivaron el desarrollo del proyecto y otras que, sin ser tenidas en cuenta al comienzo, de alguna forma han estado presentes en lo que se hizo.

El proceso de reflexión crítica sobre lo realizado, produce un conocimiento que permite comprender mejor la experiencia y amplía los referentes teóricos en que se fundamenta la sistematización.

Algunas formas de hacer la sistematización son:

1. Recopilar la información necesaria: revisar archivos (registros, planeaciones, trabajos de los estudiantes, evaluaciones). Diseñar esquemas y estrategias de archivo, organización y consulta de toda la información. Coordinar acciones, informándonos sobre el trabajo y logro de los demás.

2. Periodizar: buscar etapas, eventos significativos, momentos que se han dado durante el proyecto. Hacer balances al respecto, ponderar la utilidad de las estrategias en cada momento.

3. Analizar la información sobre la experiencia: confrontar puntos de vista, llegar a acuerdos; por ejemplo, en cuanto a: actitudes de los maestros, de los estudiantes, dificultades de trabajo en

asignaturas y/o en áreas, crisis, logros, problemas, factores que han incidido, niveles y formas de coordinación, cumplimiento de funciones, acuerdos y compromisos individuales y/o subgrupales.

4.	Sintetizar la información en documentos escritos por asignaturas, por estrategias pedagógicas, por áreas, por logros, dificultades o confrontado con los objetivos del proyecto.

5.	Proyectar alternativas de mejoramiento y afianzamiento de "nuestro reto pedagógico".

La consideración acerca de la fundamentación epistemológica de la sistematización indica la manera cómo ésta se lleva a cabo y lo que busca.

En general, los procesos que se han seguido en nuestro medio para hacer sistematización responden a un esquema positivista que se ha quedado en describir los hechos y procesos y en buscar instrumentos para su ejecución.

Cifuentes y Camelo (1995; 3) en relación con este aspecto citan a Teresa Quiroz, (s. f) al preguntarse sobre cómo puede la sistematización de experiencias particulares producir conocimientos teóricos generales, puntualiza que"el objeto de la sistematización no son dichas prácticas, sino la relación dialéctica entre determinada intención orientadora de la realidad y los supuestos que fundan la racionalidad de ésta intención y las circunstancias particulares en las que se intenta".

Es valiosa la sistematización en la medida en que el docente reflexione sobre la ejecución de los procesos educativos, mejoren las prácticas e intercambien experiencias.

La participación activa en el intercambio de las experiencias mencionadas, permite una cualificación en la formación de sus participantes.

La creación de equipos de trabajo. De acuerdo con los intereses, necesidades y expectativas generadas por el nivel de desarrollo de los proyectos, la creación de equipos de trabajo es una valiosa ayuda para jalonar los proyectos y cualificarlos. Se parte de la consideración que el colectivo de profesores es un equipo de trabajo que ha generado su dinámica propia, tanto desde el punto de vista pedagógico como administrativo.

Al interior de cada equipo, se pueden hacer sub-grupos de estudio y trabajo para planear, profundizar, investigar o para dar a conocer algunos aspectos puntuales de lo que se ha planeado y trabajado en equipo.

A nivel interinstitucional son un gran recurso los comités pedagógicos, constituídos por docentes-directivos, docentes, representantes de centros investigativos o educativos, estudiantes y padres de familia.

Su acción permite enriquecer y trascender la cotidianidad de cada una de las instituciones escolares buscando, entre otros logros, los siguientes:

*   Actualizar y cualificar el trabajo pedagógico en cada zona, de acuerdo con los diversos niveles de desarrollo.

*   Hacer posible la reflexión y acción al interior de los grupos de las instituciones educativas para ir construyendo la opción pedagógica que caracterice cada institución.

*   Facilitar el conocimiento de los avances teóricos y prácticos que se consideren relevantes y pertinentes para mejorar la práctica pedagógica.

LA EXPERIENCIA INTERNA DEL MAESTRO

UN ASPECTO DESCUIDADO EN LA FORMACIÓN DE PROFESORES UNIVERSITARIOS

Salvador Moreno López

Este trabajo tiene como punto de partida una experiencia, una observación y un análisis.

La *experiencia* se refiere a una gran cantidad de cursos, talleres y seminarios que el personal del centro de didáctica de la Universidad Iberoamericana impartió durante cinco años a los profesores de dicha institución con el fin de capacitarlos y formarlos para una mejor realización de su trabajo docente.

La *observación* hace alusión a los resultados obtenidos en dichos cursos, seminarios y talleres. Al preguntarnos ¿qué tanto cambian los maestros como resultado de su participación en los cursos?, ¿qué tanto utilizan en su trabajo diario lo que han aprendido? empezamos a darnos cuenta de que los cambios observados eran mínimos en función del tiempo y recursos invertidos. En muchos casos empezamos a descubrir que, aunque el profesor estaba capacitado -desde un punto vista técnico - para redactar objetivos, para usar nuevos métodos de enseñanza-aprendizaje o para elaborar diversos instrumentos de evaluación, sin embargo, seguía trabajando básicamente en la misma forma en que lo hacía antes de venir a los cursos. En cierta manera, no podíamos decir que nuestras actividades habían sido inútiles, puesto que los maestros tenían los conocimientos y las habilidades necesarias para realizar de forma diferente su trabajo como profesores; pero, al mismo tiempo, no podíamos sentirnos satisfechos puesto que los profesores no estaban utilizando los elementos teóricos, metodológicos y técnicos que habían adquirido en los cursos.

Un fenómeno más que observamos fue que, en algunos casos, profesores que desde cierta perspectiva hacían ahora su trabajo en forma distinta, desde otro punto de vista seguían haciendo lo mismo a pesar de haber cambiado en su comportamiento externo. Por ejemplo, por un lado se establecían objetivos del curso, y por otro se hacía la evaluación con base en el temario o en lo visto en clase; se utilizaban técnicas de trabajo en grupo que promovían la participación de los estudiantes y, al mismo tiempo se conducían de tal manera que los alumnos tenían que llegar a las conclusiones previamente establecidas por el profesor. Es decir, por un lado se daba la impresión de la participación y de la aceptación de una diversidad de opiniones y por otro se manejaba la situación de tal forma que los estudiantes llegaran a la conclusión que el profesor quería, con pocas oportunidades de discrepar. Se empezó a hablar de que había que cambiar de enfoque en educación y que era conveniente centrarse más en el aprendizaje del estudiante. Se insistía en la importancia de facilitar que los alumnos fueran actores de su propio aprendizaje a partir de su motivación interna. Sin embargo, continuaron las preocupaciones por teminar el temario, por los exámenes, por las tareas, por las presiones externas para "motivar" a los estudiantes a aprender.

Al *analizar* los hechos que habíamos estado observando nos dimos cuenta de varias cosas. Primera: el marco teórico que guiaba, en forma global, las distintas actividades de formación de profesores enfatizaba el aprendizaje de la técnica y daba poca atención a otros aspectos. Segunda: no estaba clara la relación entre nuestra concepción del aprendizaje y el marco de referencia utilizado en los cursos de formación. Tercera: no existía una relación explícita y operativa entre los diversos cursos y talleres y la experiencia interna de los profesores. Cuarta: la metodología y procedimientos utilizados en los cursos, no estaba facilitando, en muchos de los casos, un aprendizaje que se tradujera en cambios de conducta, de actitudes y de estilo de trabajo. Quinta: para muchos de los maestros lo que habían aprendido era significativo a nivel conceptual, pero no tenía un significado personal que incluyera su efectividad, sus valores, creencias y actitudes. Sexta: nuestra concepción implícita sobre la formación de profesores inferida de nuestras actividades, daba una gran importancia a la capacitación didáctica y la consideraba un elemento básico para mejorar la labor docente de los profesores. Séptima: nuestros cursos no estaban promoviendo, con la suficiente efectividad, los valores educativos de la Universidad Iberoamericana. Se imponía, entonces, un cambio de enfoque en nuestra concepción del trabajo educativo, cambio que fue en gran parte promovido por la reflexión sobre nuestras experiencias.

Este panorama, en apariencia negativo, abría, por otro lado, varias alternativas y posibilidades de redefinir la formación de profesores y de encontrar formas más adecuadas para conseguir nuestros objetivos.

Durante dos años se realizó, en forma experimental, un "curso de acutalización docente" en el que la metodología de trabajo fue la de los grupos operativos, con algunas modificaciones. Los resultados obtenidos en esta experiencia señalaron la importancia de tomar en cuenta la experiencia interna de la persona por las disociaciones, estereotipos y características negativas del autoconcepto que se encontraron y por la interferencia tan grande que causaron en el aprendizaje. Fue claro que al abordar el grupo la tarea, se suscitaba en los participantes las más diversas vivencias, emociones, ansiedades, inquietudes, actitudes y fantasías. Los miembros del grupo, al emprender la tarea del aprendizaje, reaccionaban de diferentes formas de acuerdo a su manera de percibir el grupo, la tarea, el objeto de conocimiento y a sí mismos.

Estas experiencias con los profesores, mas la experiencia tenida con diversos grupos de estudiantes nos llevó a plantear la necesidad de darle una mayor atención a la experiencia interna de las personas, en este caso de los maestros, como factor importante en el proceso de aprendizaje.

Por experiencia interna vamos a entender aquí todos aquellos pensamientos, fantasías, recuerdos, emociones, sentimientos,

114

actitudes, valores, creencias, propósitos, intenciones, sensaciones coporales y significados que están presentes en un momento dado en una persona y que determinan su comportamiento. Consideramos que todos estos elementos son tanto producto de la historia del individuo como de la situación actual que vive (en la que por cierto pueden estar incluídas sus expectativas o propósitos para el futuro). En el trabajo grupal, esta experiencia interna de las personas tiene tanto significado individual como un significado grupal y un significado social. Es decir, expresa, de alguna forma, la vivencia personal del sujeto y el acontecer grupal social.

Para comprender y explicar los fenómenos a que he hecho referencia anteriormente y para incorporar la experiencia interna de las personas en nuestro trabajo de formación de profesores, escogimos un marco de referencia humanista-perceptual para explicar el aprendizaje y el comportamiento humano en general. Sin pretender hacer una exposición completa al respecto, presentaré aquí algunos de los principales postulados teóricos que hemos utilizado.

Además, es importante señalar que nos hemos basado en el trabajo de diversos autores y que de las distintas concepciones teóricas hemos hecho una síntesis que pretende abarcar lo positivo que hemos encontrado en cada una de las teorías. Lo acertado o no de dichas síntesis está corroborándose por dos medios:

1.   el grado en que estos postulados nos ayudan a comprender los fenómenos que ocurren en nuestro trabajo de formación de profesores, y

2.   el grado en que los resultados obtenidos apoyan o no lo postulado por la teoría.

POSTULADOS TEÓRICOS:

1.   El mejor recurso o "instrumento" con que cuenta un profesor para realizar su labor educativa es su propia persona tal y como se expresa a través de su personalidad. En particular, son especialmente importantes los valores, significados, creencias, actitudes y afectos que tenga con respecto de sí mismo y de

los demás, y del proceso y propósitos del aprendizaje y de la educación.

A diferencia de otras profesiones en donde los conocimientos o habilidades técnicas resultan el recurso básico y fundamental para la realización del trabajo, en la educación son la persona y la personalidad misma del educador los elementos básicos para la realización de la tarea educativa.

Señalo la diferencia entre persona y personalidad porque considero la educación como un encuentro interpersonal, como una relación que se da desde lo más íntimo de los seres humanos; su capacidad de dar sentido a su vida, y a sus acciones, pero que puede tener múltiples expresiones y modalidades de acuerdo a las características propias de cada individuo.

2. La mayor parte de la conducta de una persona está básicamente en función de la percepción que dicha persona tiene de la situación en que se encuentra y del significado personal que le atribuye. Por lo tanto, para entender adecuadamente el comportamiento de las personas, es preciso ver las cosas desde su punto de vista y no desde un punto de vista externo.

3. A través de la interacción con otras personas, los seres humanos forman un Esquema Conceptual Referencial y operativo (ECRO), mediante el cual configuran una visión determinada de sí mismos, de los demás, de la sociedad y de la realidad en general. Este Esquema Conceptual Referencial y Operativo viene a ser algo así como el cristal a través del cual percibimos la realidad y le damos un significado y matiz propios.

4. Dentro de este ECRO, el autoconcepto de la persona constituye uno de los elementos principales que influyen en la percepción de la realidad, en la asignación de significados y por lo tanto en la forma como una persona se comporta en un momento dado.

5. Desde esta perspectiva, "una verdadera educación ocurre cuando un grupo de personas dialogan entre sí en un proceso

que incluye la acción transformadora de algún aspecto de su realidad concreta y la reflexión crítica sobre dicha acción y realidad. Esto implica cambios en el campo perceptual-existencial de las personas involucradas en el proceso educativo mismo que pueden manifestarse de múltiples formas: verbales, motoras, actitudinales, cognoscitivas. La ruptura de estereotipos, requisito de esos cambios, genera ansiedades que tienen connotaciones tanto individuales como sociales". (Moreno, 1979, 85)

6. La educación tiende a promover en las personas una conciencia crítica frente a sí mismos y frente al mundo histórico-social en que se encuentran. Las acciones educativas se dirigen por lo tanto, a revisar el Esquema Conceptual y Operativo (ECRO) para facilitar la acción responsable, consciente y eficaz en la transformación de la realidad. En algunos momentos, la acción educativa enfatiza el des-aprendizaje de obstáculos, barreras, estereotipos y distorsiones que impiden captar la realidad en su complejidad, riqueza y dinamismo. En otros momentos, la acción educativa se orienta a enriquecer el campo perceptual; a elaborar un ECRO más adecuado, dinámico, flexible y rico en su configuración

7. El aprendizaje, desde esta perspectiva, es considerado como un proceso de descubrimiento de significados personales sobre la realidad que es percibida, tal y como es percibida por la persona. Por aprendizaje vamos a entender en este trabajo, una relación y un producto, un proceso y algo determinado. En este sentido, considero que pueden darse distintos tipos de relaciones y distintos tipos de aprendizaje. En el trabajo de formación de profesores es importante promover un aprendizaje que, como relación, esté en contacto cercano y directo con la realidad natural y social, que sea activa, creativa y transformadora, que tenga un sentido y un significado personal, y que, como resultado, sea provisional, adecuado para resolver los

problemas y necesidades concretas, y colabore al crecimiento personal y a la construcción de una sociedad más justa.

8.	Las condiciones que más facilitan un aprendizaje de este tipo son las siguientes: un ambiente de confianza, aceptación, comprensión y respeto; ausencia de amenazas al auto-concepto, experiencias variadas que enriquezcan el campo perceptual y el descubrimiento de nuevos significados, que el estudiante se involucre personalmente, que sean tomadas en cuenta las necesidades, intereses e inquietudes de la persona, que aprenda de tal forma que pueda captar una relación significativa entre dichas necesidades, intereses e inquietudes y lo que va a aprender; la existencia de recursos múltiples y diversos que pueden ser utilizados como instrumentos de trabajo y de aprendizaje.

9.	Finalmente propongo que, "como personas, los profesores tienen un valor y una dignidad supremas. Tienen el derecho inalienable de ser agentes de su propio aprendizaje". Este postulado constituye el eje y principio rector de toda acción educativa.

Este marco de referencia perceptual humanista nos ha permitido tener una mejor comprensión del comportamiento de los profesores y nos ha facilitado la incorporación de la experiencia interna de los profesores en nuestro trabajo.

Señalamos, también, que como obstáculos detectamos nuestros estereotipos respecto a los roles y funciones que maestros y estudiantes deben desempeñar en el proceso de aprendizaje, el miedo a perder el control del grupo con el consiguiente caos y desorden; y el temor a aparecer como personas incompetentes y a mostrar áreas de ignorancia.

Con estas experiencias y resultados disponibles, nos preguntamos si en la formación de profesores se dan fenómenos semejantes; ¿Cómo es el auto-concepto de los maestros? ¿Qué tan

118

seguros se sienten de sí mismos? ¿Qué tanta confianza se tienen y qué tanto se aprecian como maestros? ¿Cuáles son sus patrones internalizados respecto a las relaciones maestro-estudiantes?; ¿qué concepción tienen de la educación? ¿Cómo ven a las demás personas? ¿Qué tan capaces se sienten de cambiar y de innovar exitosamente en su trabajo?

La temática del curso consistió en tópicos diversos sobre el diseño y realización de cursos. Se estudiaron los objetivos, diversas metodologías de enseñanza-aprendizaje, recursos y ayudas visuales y procedimientos de evaluación, entre los principales temas. Y a nivel del proceso y de la interacción grupal en la realización de la tarea de aprendizaje, se explicitó la temática presente, se señalaron estereotipos, se aclararon sentimientos, se interpretaron acciones y se confrontaron discrepancias. Hubo referencia explícita a aspectos diversos de la experiencia interna presente durante las sesiones.

La experiencia interna durante el proceso grupal

Los resultados que presento a continuación son, en gran parte, temas implícitos que fueron apareciendo en las discusiones y que fueron hechos explícitos por el coordinador como parte del proceso de aprendizaje.

En las cuatro primeras sesiones los temas más sobresalientes fueron: "¿Hay realmente algo nuevo que tenga yo que aprender como maestro? ¿Qué no basta mi experiencia y mis conocimientos?"

Por un lado, aparece la imagen estereotipada del maestro competente y omnisciente, que todo lo puede y todo lo sabe. Por otro lado el miedo, la inseguridad y la devaluación al reconocer de alguna forma, que esa imagen se había formado no a partir de su experiencia, sino como un estereotipo social que no había sido sometido a verificación en la realidad.

Está también el miedo a los demás, a que ellos puedan dañar su autoestima. ¿Cómo reconocer sus defectos, incompetencias e inseguridades, si los demás parecen tan competentes y tan seguros? Sería exponerse a un ridículo difícil de soportar.

Empiezan entonces a señalar que ellos como maestros sí saben, les gusta aprender, son trabajadores, son responsables. Los alumnos son los que no saben, unos flojos, desinteresados en su aprendizaje, irresponsables. El problema es que, en este curso, ellos son a la vez maestros y estudiantes. Quedan aparentemente atrapados en la contradicción y en la confusión.

Aparece también el temor y la resistencia a incluír la afectividad en el aprendizaje, a que hablen y se expresen en forma personal. Los temas se abordan de modo impersonal y se refiere a personas y experiencias ajenas al grupo.

Pronto empiezan a identificarse las incongruencias y disociaciones. No ven que ellos mismos hacen lo que critican en los estudiantes. No estudian y se quejan de que los estudiantes no estudian. Dicen apoyar y estar de acuerdo con la pedagogía de Paulo Freire y se muestran como receptores pasivos esperando recibir indicaciones precisas de qué hacer y cómo pensar.

Se señalan estas incongruencias y las justifican proponiendo una dicotomía maestro-estudiante en la que el primero tiene casi todas las características positivas, y el segundo casi todas las negativas.

Hablan y expresan sus opiniones sobre los temas. Son profesores de distintas profesiones. Sus puntos de vista son diferentes y hasta contradictorios. Se polarizan las peticiones. No hay posibilidad de síntesis o de otras alternativas. Blanco o negro. Sentimentalismo, permisividad y caos, o bien solo lo cognoscitivo, la exigencia estricta y el orden riguroso.

Miedo al cambio, a la pérdida, al vacío y a la confusión. lo que se tenía ya no parece tan sólido y tan seguro, pero aún no hay algo nuevo que sea mejor. Los participantes van teniendo experiencias en donde se dan cuenta que el cambio es posible. Muchos de sus temores y expectativas no se confirman en la realidad. Por el contrario, obtienen buenos resultados como por ejemplo cuando diseñan alguna experiencia de aprendizaje con una metodología diferente y la realizan en el grupo. Se sorprenden de los resultados.

Y tienen que refinar sus razones para afirmar que el cambio no es posible.

En las sesiones que siguen, hasta la décima aproximadamente, se empieza a dar una confusión de roles en los participantes. No saben qué hacer con la efectividad, cómo mantener la distancia adecuada. No ven claro cómo puede darse una relación cercana, cálida, afectuosa, comprensiva y respetuosa sin dejar de ser profesores.

Hacia el final del primer bloque de dieciseis semanas, las múltiples ausencias de los participantes empiezan a tener una influencia significativa. Se plantea la cuestión del compromiso grupal. Miedo a comprometerse por temor a presentarse como vulnerables frente a los demás. Que otros empiecen. Que se comprometan ellos primero y luego yo. La dicotomía maestro-estudiante se expresa también en este tema. Como profesores, aceptan sus excusas porque tienen "asuntos importantes qué atender". En el estudiante, eso mismo significa irresponsabilidad o falta de motivación.

Hacia la décima sesión, a propósito del tema de la evaluación, empieza a aparecer una especie de recopilación de algunos de los temas grupales principales. A saber, el control sobre los estudiantes, el prestigio del maestro y su autoestima, la oscilación entre la omnipotencia y la impotencia, la cuestión de la confianza y la desconfianza entre maestro y estudiantes, la interrogante de si en verdad son capaces de trabajar en forma diferente, la apreciación realista de sus capacidades y limitaciones.

El tema de la evaluación despierta miedos e inseguridades. Miedo a ser "blando" no exigiendo con firmeza el cumplimiento de los requisitos establecidos al principio del curso. Miedo a ser "duros" y exigir más de lo adecuado. En ambas situaciones, miedo a ser injustos: a perder el cariño y el afecto, a que disminuya su prestigio y su imagen delante de los estudiantes, lo cual puede hacerles perder prestigio.

Otra "preocupación" más del grupo es la separación por la terminación del curso. Hay miedo y tristeza. Los participantes se vuelven más emotivos en su comunicación, expresan el afecto que sienten hacia los demás, reconocen los aspectos sexuales presentes en la relación y en el afecto. Quisieran que el curso no se acabara o que el grupo continuara con otro curso. Se examinan las posibilidades de otros cursos para el próximo semestre, reconociendo, por un lado, que será con grupos nuevos, y anhelando, por otro, que fuera con el mismo grupo.

Al mismo tiempo que cada participante tiene la vivencia de la cercanía afectiva y del contacto con los demás, siente también una sensación de vacío. Hay temas que no han podido cubrirse. Hay sentimientos que no han sido expresados. Hay tareas que han quedado incompletas.

Pero también hay logros y hay cambios. Han aprendido a promover más la participación de los estudiantes. Se han dado cuenta que los alumnos son más capaces y dignos de confianza de lo que creían. Se sienten capaces de utilizar con éxito algún otro método, además del expositivo. Se sienten más dispuestos y más seguros de sí mismos para experimentar y probar acciones novedosas. Ven la posibilidad de integrar lo afectivo y lo cognoscitivo en el aprendizaje.

En esta forma termina el curso y la experiencia. El contacto futuro con los maestros tal vez nos permita profundizar un poco más sobre los efectos que a mediano o largo plazo puedan observarse como consecuencia, directa o indirecta, de su participación en este curso.

COMENTARIOS FINALES

Espero haber presentado con claridad la tesis de que considerar e incluír explícitamente la experiencia del maestro es un factor importante y crucial en la formación de profesores. Su exclusión, o al menos la falta de atención explícita, puede ser una razón de peso que explique muchos de los "fracasos" que han tenido los cursos de formación de profesores, de tal forma que estos se orienten hacia una educación más eficaz, humanista y liberadora. El marco de referencia presentado aquí ha sido una herramienta útil de trabajo. Reconozco, sin embargo, que tanto los postulados teóricos como la metodología de investigación requieren de precisiones y tal vez de algunas reformulaciones. Esta es, en todo caso, una de las tareas que tenemos que realizar.

Otra tarea, no menos importante, que puede realizarse a partir de este tipo de experiencias es el análisis psico-sociológico de los factores que condicionan tanto los contenidos de la experiencia interna como las formas como ella es incluída o excluída en el proceso educativo, tanto por parte de los maestros como por parte de los estudiantes. Tal vez ello pueda ayudarnos a responder preguntas tales como: ¿Por qué se excluye (o se pretende excluír) la experiencia interna de la persona del proceso educativo? ¿Qué es lo que genera en muchos maestros inseguridad, miedo, inferioridad con respecto a sí mismo y su trabajo? ¿Qué factores bloquen en los maestros el pensamiento crítico, la innovación, el cambio y la creatividad? ¿En qué media los profesores están reproduciendo con los estudiantes el mismo estilo de relación que existe entre la institución educativa y ellos? ¿Qué factores propician la disociación entre afectos, valores, pensamientos y acciones? ¿Cómo aprenden los maestros sus roles y cómo se forma su autoimagen del profesor? ¿Cómo las normas y el funcionamiento de las instituciones educativas facilitan o bloquean el cambio en el trabajo educativo? Preguntas importantes, ciertamente, que pueden ayudarnos a comprender y a situar mejor a los maestros y la labor educativa que ellos realizan.

Se buscaba presentar una alternativa a la enseñanza intelectualista que, sin despreciar la función del pensamiento, precisara el papel de los impulsos de la acción y la función de los intereses.

Se mostró cómo el interés no se opone al esfuerzo; son partes de la misma realidad, el primero es el aspecto interno de una experiencia y el segundo lo externo.

Es en 1898 cuando aparece la monografía de John Dewey: "El interés y el esfuerzo"; así se concretó la aparición a la luz pública del trabajo por proyectos en las labores educativas.

Dewey sostenía que "en realidad, no hay interés sin dispendio de energía, en una acción continuada para alcanzar un objeto; recíprocamente, el esfuerzo es el interés en acción, bajo forma activa o dinámica" (216).

En síntesis, este fue el punto de partida del sistema de proyectos, los aspectos didácticos fueron desarrollados por varios discípulos de Dewey, entre los cuales se destacaron William Heard Kilpatrick, José Stevenson, y Ellworth Wells.

Fue a partir de 1918 cuando trabajar por proyectos en la escuela se hizo más frecuente y corriente.

El método de proyectos busca imitar la vida en el sentido de indicar que las acciones del hombre son la realización de proyectos; pedagógicamente, se trata de buscar la solución de un problema mediante su desarrollo que enriquece el proceso de solución, al conjugarse la libertad, la responsabilidad y la solidaridad de quienes participan.

Visión legal del Proyecto Educativo Institucional

A continuación se presentan algunos aspectos legales exigidos por la Ley 115 y el Decreto 1860, con los cuales hay que contar para desarrollar el PEI; cada institución educativa los complementará y desarrollará. El objetivo es facilitar un ejercicio que permita un conocimiento y análisis para identificar las acciones que ha de tomar cada institución de acuerdo con la legislación y que han de estar en el proyecto.

Es cierto que el artículo No. 1 del Decreto 1860 acepta la existencia de diversas interpretaciones con relación a las normas, pero cualquier interpretación que se haga de estas normas ha de tener en cuenta que se debe: "favorecer la calidad, continuidad y universalidad del servicio de la educación, así como el mejor desarrollo del proceso educativo y que el objeto del servicio es lograr el cumplimiento de los fines de la educación, definidos en la Ley 115 de 1994.

Las interpretaciones que se hagan del artículo 73 de la Ley General han de ser complementadas con los artículos 72, 74 y 75 de la Ley, igualmente lo que dicen los artículos 14, 15 y 16 del Decreto 1860.

El Proyecto Educativo Institucional lo ubica la Ley General en el Título IV que hace referencia a la organización para la prestación del servicio público educativo. El PEI concreta en la escuela la concepción integral de educación presentada por la Constitución Política de Colombia y regulada como un servicio público. Merece destacarse el rol del educador consagrado en el Art. 104 de la Ley 115 frente a la escuela y al PEI "El educador es el orientador en los establecimientos educativos de un proceso de formación, enseñanza y aprendizaje de los educandos, acorde con las expectativas sociales, culturales, éticas y morales de la familia y la sociedad. Como factor fundamental del proceso educativo... llevará a la práctica el Proyecto Educativo Institucional."

Elementos (Art. 14 Dec. 1860)	Ley 115 - 94	Decreto 1860 -94
1. Los principios fundamentales que orientan la acción de la comunidad educativa en la institución.	1. Art. 1, 3, 4, 5, 6, 7, 8, 13, 24, 25, 76, 77, 91, 92, 104. Educación grupos étnicos: 55, 56, 61	1. Art. 1, 2, 3.
2. El análisis de la situación institucional (problemas).	2. Art. 73 (parágrafo) 80 a 84	2. Art. 49, 52, 53, 54
3. Los objetivos generales del proyecto.	3. Art. 73, 13, 6	3. Art. 14
4. Estrategia pedagógica que guía las labores de formación (estilo pedagógico).	4. Art. 2, 3, 76, 77, 91, 92, 88, 89. Educación grupos étnicos: 59, 102	4. Art. 33, 34, 35, 36, 37.
5. Organización de planes de estudio y criterios de evaluación.	5. Art. 11, 12, 13, 76, 79, 15, 16, 17 a 35, 38, 99	5. Art. 4 a 13, 42, 43 a 45, 47 a 56
6. Acciones pedagógicas especiales (5 proyectos).	6. Art. 14, 25, 97	6. Art. 36
7. Manual de convivencia. Reglamento de profesores.	7. Art. 7, 73, 87, 91, 92, 96, 98 124, 125, 132. Art. 81, 104, 110, 116, 117, 118, 119, 124, 125, 126	7. Art. 2, 17, 39
8. Gobierno escolar y manual de funciones.	8. Art. 91, 92, 93, 94, 126, 132, 142 a 145	8. Art. 18 a 32
9. Matrículas y pensiones. Contrato de renovación de matrícula.	9. Art. 95, 96	9. Art. 23 (lit. 0)
10. Relaciones con organismos sociales.	10. Art. 32, Parágrafo 46, 49, 114 Educ. grupos étnicos: 60, 63	10. Art. 39
11. Evaluación de recursos.	11. Art. 4, 80, 81, 82, 83, 84, 119, 138. Educación grupos étnicos: 58 a 62	11. Art. 42 a 46, 59
12. Educación y cultura local y regional.	12. Art. 32, 73, 98 (parág)	12. Art. 10, 59
13. Organización administrativa y evaluación de la gestión.	13. Art. 82, 86, 105 a 108, 128, 129, 138 a 141, 146 a 167	13. Art. 40, 42, 46, 57 a 63, 65, 66
14. Programas no formales e informales.	14. Art. 36 a 45, 50 a 54	14. Art. 59

Cuadro No. 11

Visión legal del Proyecto Educativo Institucional

Elementos para una
caracterización institucional

El desarrollo de los siguientes indicadores permite hacer una caracterización institucional que da cuenta de lo que es y existe en ella.

Memoria histórica de la institución.
1. Origen.
2. Situación legal.
3. Propósitos de la institución.
4. Filosofía de la institución.
5. Modalidad.

Componente administrativo.
1. Formas y métodos de planeación institucional.
2. Formas y métodos de planeación de aula.
3. Estamentos y compromisos de participación en la planeación.
4. Orientación por parte de cada uno de los responsables del desarrollo institucional.
5. Desarrollo de algunas actividades: reuniones de área, direcciones de grupo y otras.
6. Evaluación y control de procesos de formación y administración.

Procesos de conocimiento.
1. Caracterización del estudiante.
2. Caracterización del docente.
3. Estructura y procesos básicos de cada área en cuanto al conocimiento.
4. Objetos del conocimiento en cada área, enfoques.

Procesos culturales.

   4.1. Ubicación del estado cultural predominante en la institución.

   4.2. Programas culturales generales y específicos por áreas.

Anexo No. 4

Planes estratégicos

Nombre Institución:

Profesor:
Asignatura: Curso

Estrategias	Temas	Actividades	Tiempo

Cuadro No. 12

Formato de estrategia pedagógica

Grado		Área	Asignatura	
Contenidos Unidades	Hs.	Metodología Ayudas	Logros de Objetivos	Criterios de evaluación

Cuadro No. 13

Plan de estudios - Educación-

130

Fundamento legal del Manual de Convivencia

1. La Constitución Política de Colombia de 1991, principalmente en sus artículos 41 a 45, 67 y 68, 73 a 80, 82, 85 y 86.

2. La Ley 115 de febrero 8 de 1994; especialmente en los artículos 1, 2, 6, 7, 10 a 15, 20, 23 a 28, 31, 32, 36, 46, 50, 64, 80 a 82 y 85.

3. El Decreto 1860 del 3 de agosto de 1994. En éste se destacan los artículos 17 a 32 y 47 a 56.

4. El Código del Menor o Decreto 2737 de 1989.

5. La prevención de la drogadicción que retoma la fundamentación de la Ley 30 de 1986 y el Decreto reglamentario No. 3788.

6. El Decreto 1108 del 31 de mayo de 1994, mediante el cual se reglamenta el porte y consumo de estupefacientes y sustancias sicotrópicas.

7. El Código de la Policía vigente, en sus artículos 16 y 17, la Ley 18 de 1991 en sus artículos 23 y 25 y el Código Sustantivo del Trabajo, especialmente en sus artículos 38 y 40.

8. La manera como está organizada la institución, en cuanto a líneas de autoridad y formas de comunicación.

BIBLIOGRAFIA

ALVARADO, Prada Luis; TETAY, José María y otros. *Construcción de lineamientos conceptuales y metodológicos para el currículo de los colegios distritales nocturnos.* Mimeógrafo. Bogotá, 1991.

BANGUERO, H y QUINTERO, V.M. *Los proyectos sociales.* Instituto FES de liderazgo. Cali, 1991.

BEST, Francisco. *De la palabra pedagógica.* Perspectivas, UNESCO, Vol. 18, F 2, 1988.

BID - SECAB - CINDA. *Administración de Programas y Proyectos de Investigación.* Colección Ciencia y Tecnología, No. 25, Santiago, Chile, 1990.

BLANCO, Ricardo. *El método didáctico y la personalidad del docente.* En: Boletín DIDAC, UIA, serie café, No. 3, 1979.

CADENA, G.; WAISSBLUTH, M Y SOLLEIRO, J. L. *Diseños y administración de proyectos de innovación tecnológica.* Serie Manuales de O. y D. No. 7. CINDA-UPN-SECAB. Santiago de Chile, Junio, 1989.

CARR, Wilfred y KEMMIS, Stephen. *Teoría crítica de la enseñanza.* Traducción de Bravo, J. Martínez Roca, Barcelona, 1988.

CARRILLO, Gutiérrez Ilberia y otros. *La problemática de la evaluación en Colombia.* MEN - UPN - DIE, Bogotá, Presencia, 1987.

CIFUENTES, Rosa María y CAMELO, Aracely. *Sistematización proceso de formación docente educadores de adultos Centro Educativo Distrital Antonio Villavicencio, jornada nocturna.* Santafé de Bogotá, 1993 y 1995.

COMS, Arthur W. *Algunos conceptos básicos para la formación de profesores.* En: La Educación Hoy, Vol. 2 No. 1 y año 1974.

DECRETO 1860 del 3 de agosto de 1994.

FACUNDO, Angel, H., *El proyecto de investigación,* Módulo 5. ICFES, 1980.

FANSILVER, Fernando. *Reflexiones sobre las especificidades de la industrialización de América Latina.* Transacción y periferia semi-industrializada. Isaac Miniam. CIDE. México 1984.

FILHO, Lourenco. *Introducción al estudio de la escuela nueva.* Buenos Aires, 1964.

GALLEGO, Badillo, Rómulo. *Comunidad de educadores.* Construcción y dinamización. Antropos, Santafe de Bogotá, 1992.

GUEDEZ, Víctor. *Educación y proyecto histórico pedagógico.* Caracas, Universidad Nacional abierta, 1987.

GUTIERREZ, Francisco. *Educación como práxis política.* Bogotá, Siglo XXI, 1984.

HAIMAN, Flankl y A. *La dirección de grupos.* Teoría y práctica. Libros mexicanos unidos. México, 1965.

HIRSMAN, Albert. *Developement proyects observed,* Washington Brookins Institution. 1967.

LEY GENERAL de Educación, 115 de febrero 8 de 1994.

Lineamientos generales de procesos curriculares. Hacia la construcción de comunidades educativas autónomas. Santafé de Bogotá, D. C. 1994.

LOZANO, Luis Antonio; ALVARADO, Luis; MALDONADO, Luis; MURCIA, Jorge y TETAY, José. "Proyecto investigativo interinstitucional hacia la transformación del bachillerato nocturno". En: UPN - DIE - CEP. Mimeógrafo Santafe de Bogotá, 1989.

LUCIO, A., Ricardo. "Educación y pedagogía, enseñanza y didáctica: diferencias y relaciones". En: Revista Universidad de la Salle. Vol 17 Jul. 1989. Bogotá.

LUZURIAGA, Lorenzo. *Historia de la educación y la pedagogía.* Buenos Aires, 1979.

MACHADO, M., Fernando y VELASQUEZ L. Guillermo. *Roles críticos para la innovación.* BID. 1990

MEN. "Estudio básico para la elaboración de planes institucionales". Santafe de Bogotá. 1992, No. 26.

MOCKUS, SIVICAS, Antanas. "Presupuestos filosóficos y espistemológicos del privilegio del currículo". En: Planteamientos y reflexiones alrededor del currículo en la educación superior. ICFES, No. 58. 1987, Bogotá, D. C.

MORENO, Salvador. "La educación centrada en la persona". En: Comunicación oficial, No. 30. 1976. México.

__________. La experiencia interna del maestro: Un aspecto descuidado en la formación de profesores universitarios". En: Boletín del centro didáctico de la Universidad Iberoamericana. Mexico, 1993.

NIÑO, Libia Estella y Otros. "Fundamentación y estructura del sistema nacional de evaluación de la educación". MEN, 1994, Bogotá.

OROZCO, Luis E. "Fines de la Educación en el futuro". En: Revista Colombiana de Educación. No. 14, CIUP. 1984, Bogotá.

POSADA, Jorge, E. y otros. "Proyecto Pedagógico". Mimeógrafo. UPN. 1990, Bogotá.

PUJOL, Jaime y FONS, José Luis. *Métodos en la enseñanza universitaria. Pamplona.* Universidad de Navarra. 1973.

SEGUNDA ASAMBLEA PEDAGOGICA DISTRITAL. Mimeógrafo, Octubre 4,5,6,7 y 8. 1994.

STUFLEBEAM, Daniel; KELLAGHAN, Thomas. *La evaluación de la escuela. Enfoque y conceptos básicos.* Bogotá, Internacional, 1983.

TETAY, José María. "Aportes proyecto pedagógico". Mimeógrafo, UPN. 1993, Santafe de Bogotá.

THAMHAIN, Hans J., and WILEMOND, Danid. *Building High performing engineering project teams.* IEEE Transactions Engineering Management, EM-34, 1987.

VARGAS, GUILLEN, Germán. "Formación y subjetividad. Epistemología, lenguaje y pedagogía". En: Revista Educación y Pedagogía, 1993, Universidad de Antioquia.

VASCO, Uribe, Carlos. "Reflexiones sobre pedagogía y didáctica, serie pedagogía y currículo". MEN. 1990, Bogotá.

9 789582 002473